「憲法とは何か」を伊藤博文に学ぶ

『憲法義解』現代語訳&解説

相澤 理 編著

アーク出版

◎はじめに

民権派から評価されていた大日本帝国憲法

2014年度の東京大学入学試験における日本史の問題（以下「東大日本史」と略します）は、とても意欲的で挑戦的なものでした。「大日本帝国憲法は、公開の場で議論することのない欽定憲法という形式で制定された。それにもかかわらず民権派が憲法の発布を祝ったのはなぜか」と問うてきたのです。

問題文では、「ああ憲法よ、汝《なんじ》すでに生れたり。吾これを祝す。すでに汝の生れたるを祝すれば、随《したが》ってまた、汝の成長するを祈らざるべからず」という植木枝盛《うえきえもり》の言葉が引かれていました。植木枝盛と言えば、人権の無制限での保障や、政府に対する抵抗権などを盛り込んだ急進的な私擬憲法「東洋大日本国国憲按」を起草したことで知られる、高知出身の自由民権運動家です。

その植木が、〈君主権が強く国民（臣民）の権利が制限された〉と学校でたいていてい教わる大日本帝国憲法を評価していたというのは、意外に思われるかもしれません。しかし、大日本帝国憲法は植木をはじめとする民権派の期待に沿うものでした。

明治7年（1874）に板垣退助らが民撰議院設立建白書を提出して以来の、民権派の悲願であった公選による議会の開設は、憲法発布の翌明治23年（1890）に実現します。大日本帝国憲法では、法律および予算は帝国議会の協賛を要するとされ（第37条・第64条）、法律なくして租税なしとする租税法律主義（第62条）も明記されました。議会（第3章）および会計（第6章）に関する手厚い規定は、現行の日本国憲法と比べても遜色ありません。

また、議会の発言力にとって非常に大きかったのが、予算不成立時は前年度の予算を執行すべしという規定です（第71条）。これにより、政府は議会の同意なしに新しい予算費目を立てられなくなりました。

このように、議会を通じて自らの意見を政治に反映できると考えたからこそ、民権派は、憲法制定においてカヤの外に置かれていたものの、「善く代議政体の本旨を得たる」（植木枝盛の言葉）として祝い、高く評価したのです。

（本問は、拙著『歴史が面白くなる東大のディープな日本史3』（KADOKAWA中経出版）で詳しく紹介しています。よろしければお読みください）

大日本帝国憲法を貫く〈立憲主義〉の原理

本問は、「日本国憲法は〈民主的〉で、その裏返しで大日本帝国憲法は〈非民主的〉」というステレオタイプな見方に囚われている限り、解答はできません。しかし、大日本帝国憲法の〈立憲主義〉を問い続ける東大日本史の傾向を熟知し、明治立憲体制について誠実に学習してきた受験生にとっては、基本問題の部類だったでしょう。

そして、集団的自衛権の行使容認という憲法解釈の変更をめぐって、〈立憲主義〉という言葉が取りざたされる中で、本問はきわめてタイムリーな出題でした。

フランス革命に際して一七八九年に出されたフランス人権宣言には、「権利の保障が確保されず、権力の分立が規定されないすべての社会は、憲法を持つものではない」とあります。この前半で述べられている、憲法によって国家権力が抑制されるという原理が、〈立憲主義〉です。そして後半の、国家権力を分割して異なる機関に担当させ、抑制と均衡を図るという権力分立の原理とともに、近代憲法の二本柱とされています。

大日本帝国憲法は、君主である天皇の意志によって制定された欽定憲法という形式をとりましたが、第4条には「天皇ハ国ノ元首ニシテ統治権ヲ総攬《そうらん》シ此ノ憲法ノ条規ニ依リ之《これ》ヲ行フ」と記されました。「此ノ憲法ノ条規ニ依リ」の文言は、枢密院での審議において伊藤博文の強い意向によって採用されたことが知られています。伊藤は、天皇の統治権に憲法の歯止めをかけるという形で、〈立憲主義〉の原理を埋め込もうとしたのです。

そうした伊藤が憲法に込めた意図に、最も敏感に反応したのが、植木枝盛をはじめとする民権派だったと言えるでしょう。自由や権利とは、憲法に明記されるというだけで守られるものではなく、法律によって具体的な取り決めがなされることで、初めて実質的に保障されるものです。植木ら民権派は、憲法に規定された議会で、憲法に規定されたとおりに法律や予算をめぐって論戦を繰り広げ、自らの主張を通そうとしました。

どうやら、私たち現代の日本人は、小手先だけの憲法改正論議に身をやつす前に、私たちよりもずっと深く〈立憲主義〉の原理について理解していた先人から、憲法とは何たるかを学ばなくてはならないようです。

伊藤博文に〈憲法の精神〉を学ぶ

そこで、大日本帝国憲法に埋め込まれた精神を知るうえで、またとない教科書があります。それは、伊藤博文を著者名とする憲法の逐条《ちくじょう》解説書『憲法義解《ぎかい（ぎげ）》』です。

『憲法義解』の元をたどると、枢密院で憲法および皇室典範の草案を審議するために用意された説明書で、憲法発布後に修正が加えられ、『大日本帝国憲法義解』『皇室典範義解』として刊行されました（大日本帝国憲法と皇室典範が対をなすものであることは第74条の解説で後述）。岩波文庫版では両者を合わせて『憲法義解』と題しており、本書もこれに倣います。

『憲法義解』がたたえる深遠な内容をすべて汲《く》み尽くすことは筆者の力量をはるかに超えていますが、読み通して特に強く思うのは、次の3点です。

① 大日本帝国憲法は、日本の伝統に根ざしてつくられた

明治15年（1882）、伊藤博文が憲法制度の調査のため渡欧し、ベルリン大学のグナイスト教授やウィーン大学のシュタイン教授から学んだのは、およそ法（憲法）とは民族精神の発露であって、自国の歴史や慣習に根ざしたものでなければならない、ということでした。ヨーロッパ社会で歴史的に形成されてきた憲法を、日本の社会にそのまま移植しようとしても、免疫拒絶反応を示すだけでしょう。

『憲法義解』を読むと、歴史や古典を調べ上げ、異質な憲法の原理を日本の伝統の上に着地させようとした、伊藤博文ら憲法起草者の苦心の跡がうかがわれます。そして、そうしたこの国の歴史や慣習と向き合う姿勢は、憲法改正論議にのぞむ私たちが何よりも学ぶべきものです。

②大日本帝国憲法には、〈立憲主義〉が埋め込まれていた

この点に関しては繰り返すまでもないでしょう。天皇は「神聖不可侵」であった（第3条）、国民（臣民）の権利は「法律の範囲内」で制限されていた（第22条）といった、憲法の条文の言葉尻だけを捉えることから生じる誤解も、『憲法義解』は丁寧に解いてくれています。

③ 大日本帝国憲法の条文の多くは、日本国憲法に引き継がれている

学校教育では大日本帝国憲法と日本国憲法の違いが強調されますが、実際に条文に目を通すと、先述した議会（国会）や会計（財政）を中心に多くのものが引き継がれています。『憲法義解』の解説を読むことで、信教の自由とは何か（第28条）、なぜ衆議院に予算の先議権が認められているか（第65条）といった、現行の日本国憲法では分かりにくくなっている条文の意味も明快に理解されるはずです。

以上の点に留意して、筆者は微力ながら『憲法義解』の現代語訳と解説を試みました。どうぞ二度読んで、伊藤博文の〈憲法の精神〉を味わい尽くしてください。憲法改正について判断を下すのも、二度読んでからで良いと思います。

（注）『憲法義解』は、先述したとおりの成り立ちからしても、伊藤博文だけでなく、その他の憲法起草メンバー、時に君主権のあり方をめぐって対立した井上毅《こわし》（第55条で後述）、伊藤の懐刀的存在であった伊東巳代治《みよじ》、日本人で初めてハーバード大学を卒業し、法学士の学位を得た金子堅太郎らの手が加わっています。ですので、本文中に登場する「伊藤博文」は、伊藤博文個人というよりも、憲法起草メンバーの意向を体現した『憲法義解』の筆者名とお考えください。

「憲法とは何か」を伊藤博文に学ぶ　目次

第2章　臣民権利義務

第3章　帝国議会

装丁　白石圭一郎
カバー写真　©HIROSHI YAGI/orion/amanaimages
本文DTP　月・姫
編集協力　みなかみ舎

憲法義解

伊藤博文 著

現代語訳＆解説 相澤理

序文

憲法が依って立つこの国の歴史

恭《つつし》んで思うに、我が国における君主と臣下の別というものは、国のはじまりの時にすでに定まっていたものである。中世においてしばしば武士による戦乱を経たために、政治上の綱紀の統一が緩んでしまったが、維新の大命があって以来、皇運は興隆し、天皇は五箇条の御誓文をはじめとする詔《みことのり》を発せられて立憲政治の方針を宣言なされた。上は元首の大権を統《す》べられ（取りまとめられ）、国務大臣の補佐と帝国議会の力添えによって、各機関にそれぞれの役割を果たさせるとともに、下は臣民の力を伸ばされ、その権利と義務を明らかにして、幸福を増進させようとなされた。これはみな歴代の天皇の偉業によるものであって、古の政治の源流に通じるものである。

解説 **〈国柄〉あっての憲法**

憲法とは、組織や統治などの国家の基本構造を定めた根本法のことです。英語でいうconstitutionにはもともと、本質をなす構成・骨格といった意味があります。そこに、17～

18世紀の市民革命を経て、人権を保障するための国家と国民との契約という意味合いが加わって、近代的憲法となりました。

国家の基本構造を定めた根本法なのですから、**時代が変わったからという理由（だけ）で、使い勝手よくカスタマイズすることは許されません。**そういうことは、法律で対処すべきものでしょう。憲法は、子どもや孫、さらにはその先の世代にまで変わらない〈本質〉を見極めて、制定される必要があります。

その憲法の依って立つ〈本質〉とは、自国の伝統や文化です。永く受け継がれてきた伝統や文化を土台としてこそ、時代によっても変化することのない根本法を定めることができるのです。

だとすれば、それぞれの国に独自の伝統や文化がある以上、憲法もそれぞれの国に独自のものであるべきだ、ということになります。少なくとも、他国の憲法をそのまま移植しても自国に根づくことはありません。だからこそ、伊藤博文は大日本帝国憲法の制定において、欧米各国の憲法を参考としながらも、日本の〈国柄〉を重視しました。**〈国柄〉なくして恒久不変の憲法などあり得ない**からです。

伊藤博文は、憲法を中心とする近代的な国家体制も「此れ皆祖宗《そそう》の遺業に依り、其の源を疎《そ》して其の流を通ずる者なり」（原文）と言います。このあと、近代的な〈立憲主義〉の原理を日本の〈国柄〉の上に盛る苦心の跡を、私たちは辿《たど》ることになるでしょう。

第1章　天皇

本章の序

わが国固有の国体は憲法によって強くなる

恭《つつし》んで考えるに、天皇の位は歴代の天皇より継承し、子孫へと伝えていくものである。ここにこそ、国家の統治権が存在する理由がある。かくして、憲法にことさら大権を掲げて条文に明記するというのは、憲法によって何か新しく設けてその意味を表そうというのではなく、日本固有の国体は憲法によってますます強固になるということを示すものである。

解説 〈専制君主〉ではなかった天皇

大日本帝国憲法では、天皇に強大な権力が与えられていたという説明が、一般に流通しています（多分に日本国憲法と対比する形で）。しかし、以下の条文に対する伊藤博文の説明から分かるとおり、**天皇には〈立憲君主〉としての振る舞いが求められました。**

そもそも、この国の歴史を振り返ってみても、「和をもって貴しとなす」とされた十七条憲法（６０４）以来、重要政務は合議が原則であり、**天皇が〈専制君主〉として振る舞うような**

ことはほとんどありませんでした（それはヨーロッパの国王とは異なります）。そのような「固有の国体」は、「憲法に由《より》て益々《ますます》強固なる」（原文）ものだったのです。

国家の統治

天皇は君主として臣民を思いやり国を治める

第一条　大日本帝国《だいにほんていこく》ハ万世一系《ばんせいいっけい》ノ天皇之《これ》ヲ統治《とうち》ス
（大日本帝国は永遠に続く血統の天皇が統治する）

恭《つつし》んで考えるに、神武天皇が国を開いて以来、時に盛衰があり、世に治世と乱世があったけれども、皇統が一系であり、即位が行われ続けてきたことは、天地と同じく極まりない。本条は、最初に立国の大義を掲げ、我が日本帝国は一系の天皇とともに連綿と続き、古今永遠にわたって、一体であって二つに分かれることはなく、常であって変わることがないことを示し、それにより君民の関係を万世の後までも明らかにしている。

「統治ス」とは、天皇がその位にあって、大権を取りまとめて国土および臣民を治めるということである。『日本書紀』には、天照大神《あまてらすおおみかみ》が「瑞穂《みずほ》の国はわが子孫の王たる者の地である。宜《よろ》しく皇孫を皇位に就かせ治めさせよ」と勅を発したとある。また、神武天皇を称して「始御国天皇《はつくにしらすすめらみこと》」と記している。日本武尊《やまとたける》の言葉に、「我は纏向《まきむく》の日代宮《ひしろのみや》（現在の奈良県桜井市にあったとされるヤマト政権初期の宮都）にましまして大八島国《おおやしま》をお治めになる大帯日子淤斯呂和気天皇《おおたらしひこおしろわけ》（景行天皇）の御子である」とある。『続日本紀』には、文武天皇は即位の詔において、「天皇の御子がお生まれになると次々に大八島国をお治めになってきたのに引き続いて」とおっしゃり、また「天下をあるべき姿になさり、平定なさり、公民《おおみたから》に対して恵みなさり慰めなさる」とおっしゃったとある。世々の天皇はみなこの道理を、国を受け継いでいくための大訓となさり、その後「大八洲《おおやしま》しろしめす天皇」と記すのを証書の通例の形式となさった。

古語で言うところの「しらす」とはすなわち統治の意味にほかならない。思うに、歴代の天皇は天から命じられた職務と重く受け止め、君主の徳は八洲の臣民を統治することにあるのであって、我が身我が天皇家に奉仕するといった私事ではないことを示された。この「しらす」ということこそが、憲法の拠って立つところである。

我が帝国の版図（勢力範囲）は、古《いにしえ》に大八島といったのは淡路島（現在の淡路）・

秋津島（本島）・伊予の二名島《ふたな》（四国）・筑紫島（九州）・壱岐島・津島（対馬）・隠岐島・佐渡島であると『延喜式』（醍醐天皇の命で編纂《へんさん》された律令の施行細則）にある。景行天皇が東は蝦夷《えぞ》を征服し、西は熊襲《くまそ》を平定し、領土が大いに定まった。推古天皇の時、地方官として180余りの国造《くにのみやつこ》が置かれていた。『延喜式』では66国と2島を載せている。明治元年に陸奥・出羽の2国を分けて7国とした。翌明治2年に北海道に11国を置き、これで全国合わせて84国となった。

現在の領土は実に、古に言った大八島・延喜式の66国および各島、ならびに北海道・沖縄諸島および小笠原諸島からなる。思うに、土地と人民とは国が成り立つためのおおもとであって、一定の領土は一つの国家となり、かくして、定められた憲法が行われる。それゆえ、一国は一個人のようなものであり、一国の領土は一個人の身体のようなものであって、寄り集まって統一のある完全な版図をなしているのである。

解説

日本的な「治《しら》ス」の統治理念とは？

本条に関して、憲法起草の中心的人物であった井上毅《こわし》は、「日本帝国八万世一系ノ天皇ノ治《しら》ス所ナリ」という草案を提出していたことが知られています。

「しらす」は「しる」の尊敬語で、天皇がお治めになるという意味です。古語では、〈理解する〉の意と〈統治する〉の意は同じ「しる（知る・領る）」の語で表わされました。しかも、ここで言う〈理解する〉とは対象を客観的に捉えることではありません。相手の立場に立ってその心を慮《おもんぱか》ることです。

「しらす」にもその意味が含まれています。つまり、天皇が民に思いを致してお治めになるのであって、わが領土だと言って専有するのとは違います。**天皇は〈専制君主〉ではなかったという歴史を踏まえて、井上は「治ス」の語を提案**したのです。

結局、成案では「統治ス」となりましたが、井上が「治ス」の語に込めようとした統治理念は伊藤博文も共有していて、「君主の徳は八州《やしま》臣民を統治するに在《あり》て一人一家に享奉《きょうほう》するの私事に非《あら》ざる」（原文）と説明しています。

〈日本国憲法　第１条〉　大日本国憲法 第１条を**変更**

天皇は、日本国の象徴であり日本国民統合の象徴であつて、この地位は、主権の存する日本国民の総意に基く。

皇位の継承

皇室典範は天皇の家訓であって、臣民の干渉は受けない

第二条　皇位ハ皇室典範《こうしつてんぱん》ノ定ムル所ニ依リ皇男子孫之《これ》ヲ継承《けいしょう》ス
（天皇の地位は皇室典範の定める所に従って男系の子孫が継承する）

恭《つつし》んで考えるに、皇位の継承には歴代の天皇から引き継いだ明確な教えがある。それを皇子皇孫に伝え、万世の後も変わることがない。ただし、継承の順序については、新たに天皇の勅により定めた皇室典範において詳しく説明してある。これを皇室の家法として、憲法の条文に掲げなかったのは、将来にわたって臣民の干渉を受けないことを示すためである。

「皇男子孫」とは、歴代の天皇の皇統における男系の男子のことをいう。本条の文意は、皇室典範第１条と照らし合わせるとよりよく分かる。

解説 **皇室典範はなぜ非公開だったのか？**

皇室典範とは、皇位継承や皇族の範囲、皇室経済などについて定めた、要するに天皇家の家訓です。「祖宗以来」の「明訓」がありましたので、「万世易《か》ふること無し」「将来に臣民の干渉を容れざる」（原文）とされました。天皇家のプライベートに口出しはしない、ということだったのです（第74条で後述）。

日本国憲法では第２条で「国会の議決した皇室典範」と規定され、これに基づいて、昭和22年（１９４７）に日本国憲法施行前の帝国議会での審議を経て法律化されました。第１条の、「この（＝天皇の）地位は、主権の存する日本国民の総意に基く」という文言との整合性を求める、ＧＨＱの意向が働いたものでした。

〈日本国憲法　第２条〉　大日本国憲法 第２条を**変更**

皇位は、世襲のものであつて、国会の議決した皇室典範の定めるところにより、これを継承する。

天皇の不可侵

君主は法律によって問責されない

第三条　天皇ハ神聖《しんせい》ニシテ侵《おか》スヘカラス
（天皇は神聖であって侵してはならない）

恭《つつし》んで考えるに、『日本書紀』神代紀には、天地が分かれて天皇の位が定まったことが記されている。思うに、天皇は天地開闢《かいびゃく》以来、神ながら至聖として臣民群集の前にあられる。仰ぎ慕うべきであって干犯《かんぱん》してはならない。それゆえ、君主はもちろん法律を重んじなければならないが、法律は君主を問責する力をもたない。不敬によってその御身を侵してはならないだけでなく、あれこれ指摘・非難したり、議論したりすることの外に置かれているのである。

解説 天皇はどうすれば「神聖不可侵」でいられるか？

本条は、大日本帝国憲法下における天皇の絶対性を象徴する文言として知られています。戦前には本条に基づいて不敬罪が定められていました。

しかし、本来の趣旨は違うところにあったようです。伊藤博文は「法律は君主を責問する力を有せず」（原文）と言います。君主である天皇は法的に責任を問われない。だとすれば、他の誰かが責任をもって行わなければなりません。

そうです、本条はもともと、**天皇に責任はない代わりに、政治的な実権も行使しない**、という意味だったのです。では、代わりに責任をとるのは誰か？ 詔勅に副署する国務大臣であると第55条で定められています。本条は、第55条とセットにして解釈すべきものです。

天皇の統治権

天皇は憲法に従ってこの国を治める

第四条　天皇ハ国ノ元首ニシテ統治権ヲ総攬《そうらん》シ此ノ憲法ノ条規ニ依リ之ヲ行フ

（天皇は国家の元首であって、統治権を一手に握り、この憲法の条規に従って統治権を行使する）

恭《つつし》んで考えるに、統治の大権は天皇が歴代の天皇から継承し、子孫に伝えていくものである。立法・行政におけるもろもろのはかりごとは、すべて国家の大事に臨まれ、臣民をいたわり安らかにするためのものであって、至尊たる天皇のもとに一つに取りまとめ、政務の大綱をとるというのは、たとえてみれば、人の身体には四肢と多くの骨があるけれども、精神の連絡経路はすべてその源を脳とするようなものである。それゆえ、大政の統一がなくてはならないというのは、個人の心が二つ三つに分かれてはならないようなものである。

ただし、天皇が憲法を発布して君民ともに守るべき根本法典とし、その条規に従って誤らないとの、忘れがたき固い意思を明記なさったのは、すなわち、国家を統治することが天から命じられた職務であると重く受け止め、世が移り変わっても永遠に受け継がれる法典を大成しようという趣旨である。

思うに、統治権を総攬《そうらん》するのは主権の体(実体)である。「憲法ノ条規ニ依リ之ヲ行フ」というのは主権の用(運用)である。実体だけがあって運用がなければ、専制に陥って統治権は効力を失う。運用だけがあって実体がなければ、国家の焦点が定まらずやはり効力を失う。

(附記)ヨーロッパにおいて最近政治理論を論じる者の説に、次のようなものがある。「国家の大権は大きく二つに分かれる。立法権と行政権である。そのうえで、司法権は行政権から枝分かれしたものである。この三権はそれぞれの機関の補佐によって行使されるが、それらはひとえにみな元首を源とする。

思うに、国家の大権は国家の意思を体現した元首によって取りまとめられなければ、有効な機能を発揮することはできない。憲法はすなわち国家の各機関に対して適当な役割分担を与え、その連絡の機能を保つようにするものであって、君主は憲法の条規によってその天職を行う存在である。

それゆえ、古代ローマで行われた国王に無制限の権力を認めるという考えは、当然、立憲主義ではない。それなのに、18世紀末に行われた、三権分立して君主は行政権のみを行使するといった説は、立憲国家の正しい解釈を誤っているものである。」

この説は我が憲法の主義と合致しており有益であるので、ここに附記して参考にあてる。

解説　「此ノ憲法ノ条規ニ依リ」という文言に込められた意味とは？

前条の解釈を踏まえれば、天皇が統治権を総攬するといっても、国家に関するあらゆる決定権を天皇が行使できるという意味ではないことは、ご理解いただけるでしょう。

伊藤博文は、その事情を「主権の体」と「主権の用」という言葉を用いて説明します。天皇という統治権を総攬する「主権の体（実体）」がなければ、国家はバラバラになるが、一方で、憲法の条規に従って統治権を行使するという「主権の用（運用）」がなければ、専制に陥る。

国家の主権は天皇が体現しつつも、立法・行政・司法という三権の運用は、各機関の運用に委ねられていたのです。その意味で、大日本帝国憲法における「天皇」とは、生身の天皇ご自身というよりも、天皇を「主権の体」とする国家の諸機関の総体と捉えるべきでしょう。

ところで、「此ノ憲法ノ条規ニ依リ」という文言は、枢密院における憲法草案の審議で削除すべしとの意見が出たものの、伊藤博文の強い意向で採用されたという経緯があります。

昨今よく耳にする〈立憲主義〉とは、**人権の保障のため憲法によって国家権力（統治権）を抑制するという原理**のことです。この文言を採用した伊藤は、〈立憲主義〉の精神を正しく理解しており、天皇を憲法に従って統治権を総攬する〈立憲君主〉と位置づけました。

そして、この規定が議会政治への道を開きます。戦前を代表する憲法学者の美濃部達吉は、本条に基づいて天皇を国家の最高機関とする天皇機関説を展開し、統治権の行使には内閣の補佐と議会の承認が必要であると主張して、大正デモクラシーを理論的に支えました。

伊藤博文は、大日本帝国憲法にデモクラシーを埋め込んでいたのです。

なお、日本国憲法には対外的代表者としての「元首」の規定がありません。

〈日本国憲法　第4条〉　　大日本帝国憲法　第4条を**変更**

①天皇は、この憲法の定める国事に関する行為のみを行ひ、国政に関する権能を有しない。

天皇の立法権

議会が実質的な立法機関として機能

第五条　天皇ハ帝国議会ノ協賛ヲ以テ立法権ヲ行フ
（天皇は帝国議会の賛同・協力によって立法権を行使する）

恭《つつし》んで考えるに、立法は天皇の大権に属し、そのうえで、立法権を行使するのには必ず議会の賛同・協力による。内閣に起草させた、あるいは議会が提出した法案が、両院の同意を経た後に、天皇がこれを裁可（君主が許可を与えること）して初めて法律となる。それゆえ、至尊たる天皇は行政の中枢であるというだけでなく、立法の淵《えん》源《げん》でもある。

（附記）ヨーロッパ各国の制度を参考にすると、百年このかた、偏った理論がひとたび時代の変化と投合した結果、立法を主として議会の権利に帰したり、あるいは法律を上下の約束とみなして、君民共同で立法すると考えたりするのは、要するに主権によって国家全体は一つにまとまるという大義を誤るものである。

我が国の建国の体において、国権の出るところは一つであって二つではないことは、たとえてみれば、人体において主であるその人の意思が指図して、身体じゅうの骨を意のままに動かすようなものである。かくして、議会を設置するのは、元首が機能を十分に発揮できるように支え、国家の意思を精錬強健にする効用を見るためということにほかならない。思うに、立法の大権は元来天皇が取りまとめるところであって、議会は協力・参加の任にある。天皇が本で議会が末であるという区別は厳然としており、乱してはならないものである。

解説　議会の「協賛」とはどういうことか？

本条は、大日本帝国憲法下の議会は天皇の協賛機関にすぎなかったと、否定的に捉えられているむきがありますが、それが誤解であることは前条の解釈からも明らかでしょう。

伊藤博文は、前条から引き続いて身体の比喩を用い、「主一《しゅいつ》の意思は以て能《よ》く百骸《ひゃくがい》を指使《しし》すべきが如し」（原文）と述べます。これは「主権の体」の話です。一方で、議会は立法という「主権の用」にあたります。それが「協賛（賛同・協力）」ということです。

議会が「主権の用」の役割を十二分に果たすことで、「主権の体」は、より確かなものとなる。伊藤はこの事情を「元首を助けて其の機能を全くし、国家の意思をして精錬強健ならしむるの効用」と表現しています。

立法は天皇の大権に属しましたが、それは、議会の「協賛」を通じて行われるものだったのです。

〈日本国憲法　第41条〉
国会は、国権の最高機関であつて、国の唯一の立法機関である。
大日本帝国憲法　第5条を**変更**

天皇の法律裁可権

立法は天皇の裁可により完結する

第六条　天皇ハ法律ヲ裁可《さいか》シ其ノ公布及執行ヲ命ス
（天皇は法律を裁可し、その公布と執行を政府に命じる）

恭《つつし》んで考えるに、天皇は法律を裁可し、定められた様式によって政府に公布させ、加えて執行の処分を命じる。裁可によって立法は完結し、公布によって臣民が遵守すべき効力を生じる。これはみな天皇の大権によるものである。裁可の権限がすでに至尊たる天皇に具《そな》わっているからには、不裁可の権限も同様であることは言うまでもない。裁可とは、天皇が立法の大権を発動するところのものである。それゆえ、議会の賛同・協力を経るといっても、天皇の裁可がなければ法律とはならない。

思うに、古《いにしえ》の言では「法」を「宣《のり》」と訓《よ》む。『播磨風土記』には「大法山《おおのりやま》、応神天皇がこの山において大いなる法を宣命なさった。それゆえ大法山という」とある。言葉は古から伝わる説話や今に残る風俗を明らかにするための一大資料である。かくして、法律とはすなわち天皇の発せられた言であることは、古人にすでに一定の解釈があり、誤りのないところである。

（附記）ヨーロッパ各国の制度を参考にすると、君主が議会での法案の議決を拒否する権限について論じた説は、一様ではない。イギリスでは、拒否権を君主の立法権に属するものとみなし、君主・上院・下院の三体が平衡を保つ証しであると考える。フランスの学者は行政権が立法権に対して制約を加える権限であると捉える。

そもそも、ヨーロッパ各国で言うところの拒否権とは、法を立てるのは議会であって君主はそれを拒否するのみであるというように、消極的なものとみなしている。これは、君主の大権を行政の一部分に限定するか、あるいは君主に立法の一部分を占めさせているかの、いずれかの論理から出たものにすぎない。

これに対して我が憲法は、法律は必ず天皇の命によるという積極主義をとるものである。よって、裁可によって初めて法律となる。それはただ天皇の命による。それゆえ裁可しない権限も当然ある。これは、ヨーロッパ各国の拒否権と外形は似ているようで、その実情は雪と土くれほどの違いがあるものである。

解説 天皇は法律の不裁可ができたのか？

本条は、天皇による法律の裁可を定めたものです。議会の「協賛」を経た法律は、天皇が裁可し、公布することで効力を生じます。裁可がなければ立法は完結しません。

では、天皇は法律を裁可しないということが可能だったのでしょうか？

伊藤博文は、不裁可の権限も当然あると説明していますが、天皇は法的責任を問われない（第3条参照）以上、天皇が裁可しないということはあり得ませんでした。

要するに、**運用上は法律の公布を「内閣の助言と承認」に基づく国事行為とする日本国憲法（第7条）と変わらなかった**のです。

大日本帝国憲法 第6条を**変更**

〈日本国憲法 第7条〉
天皇は、内閣の助言と承認により、国民のために、左の国事に関する行為を行ふ。
一 憲法改正、法律、政令及び条約を公布すること。

帝国議会

議会の召集、開会・閉会・停会、衆議院の解散は天皇の大権

第七条　天皇ハ帝国議会ヲ召集シ其ノ開会閉会停会及衆議院ノ解散ヲ命ス

（天皇は帝国議会を召集し、その開会・閉会・停会と、衆議院の解散を命じる）

恭《つつし》んで考えるに、議会の召集はもっぱら至尊たる天皇の大権に属する。天皇の召集によらず、議院自らが議員を集め会議することは憲法が認めていない。かくして、その審議の結果もすべて効力がないものとする。

召集の後、議会を開閉し、両院の始まりと終わりを決めるのもまた、至尊たる天皇の大権による。開会の初めに天皇が自ら議会に臨むか、あるいは特命の勅使を派遣して勅

語を伝えさせるということを定式として、かくして議会の議事を開始するのは必ずその後とする。開会の前、閉会の後に議事をなしてもすべて無効とする。

停会とは、議会の議事を途中で止めることをいう。期限つきの停会は、その期限を経て再び会議を継続する。

衆議院を解散するのは、新たに選ぶ議院にむけて世論がどこにあるのかを問うためである。貴族院について言わないのは、貴族院は停会はできるが解散はできないからである。

解説 天皇は意のままに衆議院を解散することができたのか？

議会における審議を効力のあるものとするには、開会・閉会の区切りをつけて、議事が行われていることを明確にする必要があります。その意味で、議会の召集、開会・閉会・停会、衆議院の解散を天皇大権の一つとした**本条の規定は、議会の存立を保障するもの**でした（第41条・第45条で後述）。

しかし、天皇が意のままに議会を開会・閉会したり衆議院を解散したりできなかったことは、第3条・第4条を踏まえれば明らかでしょう。実際、日本国憲法第7条に規定された、「内閣の助言と承認」による国事行為と同様の運用がされていました。

〈日本国憲法　第7条〉　大日本帝国憲法　第7条を**変更**

天皇は、内閣の助言と承認により、国民のために、左の国事に関する行為を行ふ。

二　国会を召集すること。

三　衆議院を解散すること。

天皇の緊急勅令

憲法が最も濫用を戒める緊急命令権

第八条　天皇ハ公共ノ安全ヲ保持シ又ハ其ノ災厄ヲ避クル為緊急ノ必要ニ由リ帝国議会閉会ノ場合ニ於テ法律ニ代ルヘキ勅令《ちょくれい》ヲ発ス

此ノ勅令ハ次ノ会期ニ於テ帝国議会ニ提出スヘシ若《も》シ議会ニ於テ承諾セサルトキハ政府ハ将来ニ向テ其ノ効力ヲ失フコトヲ公布スヘシ

（天皇は、公共の安全を保持し、または災厄を避けるため、緊急の必要によって、帝国議会が閉会の場合に法律に代わる勅令を発する。この勅令は次の会期において帝国議会に提出しなければならない。もしも議会がこれを承諾しなかったならば、政府は将来に向かって効力を失うことを公布しなければならない）

恭《つつし》んで考えるに、国家が急迫の事態に臨んで、または国民に凶作・疫病およびその他の災害が起こった時にあたって、公共の安全を保持し、災厄を予防・救済するために、力の及ぶかぎり必要な処分を施さないわけにはいかない。この時に議会がたまたま開会の期間でなかった時は、政府は進んで責任をとり、法律に代えて勅令を発して、施策に漏れがないようにするのは、国家の自衛・保護するために元来やむを得ないものである。

それゆえ、先の第5条で立法権の行使は議会の賛同・協力を経なければならないとあるのは、常態を示したものである。本条で勅令をもって法律に代えることを許可するのは、緊急の時機のために例外を示したものである。これを緊急命令権という。

そもそも、緊急命令権は憲法が許すものであるが、一方で憲法が最も濫用《らんよう》を戒めるものである。憲法は公共の安全を保持したり災厄を避けたりするための緊急な必要に限り、この特権を用いることを許すが、利益を保護し幸福を増進するという通常の理由でこれを濫用することを許していない。よって、緊急命令を発するにあたっては、本条に準拠すると宣告する形式をとらなくてはならない。

もしも政府がこの特権に頼り、容易に議会の公議を回避するための方便として用いて、既定の法律を破壊するに至ることがあるならば、憲法の条規はまた空文に帰し、臣民の自由や権利を保障することができなくなってしまうだろう。それゆえ、本条は議会をこの特権の監督者として、緊急命令を事後に検査して承諾させるべきことを定めている。

本条は憲法の中で最も疑問の多いものだと思われる。そこで、逐一問いを設けて説明したいと思う。

第1の問い。ここで言う勅令は法律で欠落している点を補充するにとどまるか、あるいは現行の法律を停止し、変更し、廃止することができるか。答え。この勅令はすでに憲法で法律に代わる効力を有することが認められているから、法律がなし得ることはこの勅令でもなし得る。ただし、次の会期において議会がもしもこれを承諾しなかった場合は、政府はこの勅令が効力を失うことを公布すると同時に、勅令によって廃止または変更された法律はすべて元の形に戻ることになる。

第2の問い。議会がこの勅令を承諾した場合は、その効力はどうなるか。答え。もう一度公布するまでもなく、その勅令は将来にわたって法律の効力を継続できる。

第3の問い。議会がこの勅令の承諾を拒否した場合は、政府はこの先効力を失う旨をさらに公布する義務を負うというのはなぜか。答え。公布によって初めて人民はこの勅令に基づく義務を解除されるからである。

第4の問い。議会はいかなる理由で勅令の承諾を拒否することができるか。答え。この勅令が憲法に矛盾していたり、本条に掲げた要件を欠いていたりすることを発見した場合や、その他の立法上の意見によって、承諾を拒否することができる。

第5の問い。この勅令をもしも政府が次の会期に議会に提出しなかった場合や、議会が承諾を拒否した後に廃止された旨を公布しなかった場合はどうなるか。答え。政府は憲法違反の責任を負わなければならない。

第6の問い。議会がもしも承諾を拒否したら、前日にさかのぼって勅令の効力の取り消しを求めることができるか。答え。憲法がすでに君主の緊急命令を発して法律に代わるべきことを許可したのであるから、その勅令が存続していた間は効力を持っているというのは当然である。それゆえ、議会が承諾しなかった場合というのは、たんに将来において法律として継続的な効力をもつことを拒否したというだけである。かくして、その失効を過去にさかのぼって及ぼすことはできない。

第7の問い。議会は勅令を修正して承諾することができるか。答え。本条の正文によれば、議会は承諾するかしないかの二択のうちの一つを選ぶことしかできない。かくして、修正は不可である。

解説 緊急勅令の効力は？

本条では、議会閉会中の緊急時に天皇が法律に代えて勅令を発することを認めたものです。これを緊急勅令と言います。

実例としては、大正12年（1923）の関東大震災に際して出された治安維持令（治安維持法の前身となる）が挙げられます。また、昭和2年（1927）の金融恐慌に際しても、銀行に対するモラトリアム（支払猶予）を緊急勅令で決めました。

緊急勅令はあくまでも非常手段です。伊藤博文も、「緊急時期の為に除外例を示す」ものであって、**「憲法の尤《もっとも》濫用を戒むる所なり」と釘を刺しています。** 7つの具体的な問いを挙げて勅令の効力や扱いを説明しているのもそのためです。

ただし、条文は「帝国議会閉会ノ場合」と言うのみで、臨時会を開くことができるかどうかを問わなかった点に、濫用への綻《ほころ》びがあったことを指摘しなければなりません。

なお、日本国憲法では参議院の緊急集会がこれに代わるものにあたります（第54条②）

大日本憲法 第8条を**変更**

〈日本国憲法　第54条〉

②衆議院が解散されたときは、参議院は、同時に閉会となる。但し、内閣は、国に緊急の必要があるときは、参議院の緊急集会を求めることができる。

③前項但書の緊急集会において採られた措置は、臨時のものであつて、次の国会開会の後十日以内に、衆議院の同意がない場合には、その効力を失ふ。

行政命令

立憲国家では法律を超える命令などあり得ない

第九条 天皇ハ法律ヲ執行スル為ニ又ハ公共ノ安寧秩序《あんねいちつじょ》ヲ保持シ及臣民ノ幸福ヲ増進スル為ニ必要ナル命令ヲ発シ又ハ発セシム但シ命令ヲ以テ法律ヲ変更スルコトヲ得ス

（天皇は、法律を執行するために、または公共の安全や秩序を守り臣民の幸福を増進するために、必要な命令を発し、あるいは政府に出させる。ただし、この命令によって法律を変更することはできない）

恭《つつし》んで考えるに、本条は行政命令の大権を掲げたものである。思うに、法律は必ず議会の賛同・協力を経るが、命令はもっぱら天皇の裁定によって出される。命令を発する目的は二つある。一つめは、法律を執行するための処分と詳細を規定すること。二つめは公共の安寧秩序の保持と臣民の幸福の増進のために必要なことを行うこと。これはみな至尊たる天皇の行政の大権によるもので、立法の規定・手続きによらずに、一般的に従うべき条規を設けることができる。

思うに、法律と命令とは等しく臣民にこれを守らせ、義務を負わせるものである。ただし、法律は命令を変更することができるが、命令は法律を変更することはできない。もしも双方が矛盾することがあるのならば、法律が常に命令の上に効力をもつべきものである。

命令は等しく至尊たる天皇の大権による。そのなかでも、勅裁《ちょくさい》（天皇が自ら裁断すること）によって出され、天皇の署名を経たものを勅令という。その他の各省の命令はみな天皇大権の委任による。本条において「命令ヲ発シ又ハ発セシム」というのは、この両方の命令を合わせて指し示したものである。

前条に掲げた緊急命令は、法律に代わるものとすることができる。本条に掲げた行政命令は、法律の範囲内で処分し、または法律の欠けている部分を補うことができるが、法律を変更したり、憲法で法律を要すると特に掲げた事案を規定したりすることはできない。行政命令は常時に用いるもの、緊急命令は非常時に対処するものである。

（附記）ヨーロッパ各国の制度を参考にすると、命令の範囲を論じる者の考えは一様ではない。

第一に、フランス・ベルギーの憲法は命令の範囲をもっぱら法律の執行にとどめ、ドイツの憲法もこれを模倣しているが、君主の行政の大権を狭い範囲内に制限する誤った意見であることを免れない。

思うに、いわゆる行政は法律の条則を執行するのにはとどまらない。なぜならば、法律は一般的な規範として基本原則を定める働きがあるが、もろもろの事物の活動に対して逐一適当な処分を指示することはできないからである。それは、個人が決めた志は行動の方針を指し示すが、変化きわまりない事態に対応して時宜《じぎ》にかなった処分を誤らないのには、必ずその時々の思慮を要するようなものである。

もしも行政を法律の執行という範囲内にとどまらせるならば、国家は法律の不十分な領域については当然すべき職務を尽くす手段がなくなってしまう。それゆえ、命令はただ法律を執行するという作用にとどまらずに、その時々の必要に応じ、立法とは別個の固有の意思を発動することがあるのである。

第二に、安寧秩序を保持することが行政命令の目的であると論じる者があるが、これは行政の範囲を定めるための適当な解釈を欠いたものである。思うに、古来ヨーロッパ各国の政府は、安寧を保持することを最大の職務とし、内治についてはかりそめで簡略であることを主としてきたが、人類の文明がしだいに開け、政治がますます進むにつれて、経済や教育の方法をとることで、人民の生活や知識を発達させ、幸福を増幅させる必要があることを発見するに至った。それゆえ、行政命令の目的は警察のみという消極的な手段にとどまらず、さらに一歩進めて、経済的には国民の生活を豊かにし、教育的には知識を開発するという、積極的な手段を取る任を務めないわけにはいかないのである。ただし、行政は各人の法律上の自由を侵してはもちろんならない。その適当な範囲で国民を導き助け、その発達を喚起すべきである。行政は元来、法律が既に定めた制約を超えることなく、法律を保護し、しかるべき範囲の内において国家の職責を尽くすべきものである。

解説 行政命令が法律とは別個に必要な理由は？

本条では、行政機関が発する命令（現在の政令・省令）について定められています。

〈立憲国家〉では、法律が行政命令の上位にある法規範であり、**行政命令によって法律を変更できない**というのが原則です。しかし、変化する状況に応じて迅速かつ適切に対応するには、議会での立法を待ってはいられない場合があります。

伊藤博文は、ヨーロッパ各国の政府のあり方を振り返って、もともとは「安寧秩序ヲ保持」することを職務としたが、しだいに経済政策や教育政策によって人民の「幸福ヲ増幅スル」必要が生じてきたと説明しています。社会保障などの分野で行政に大きな役割を認める現代の「福祉国家」の発想です。

こうしたことを踏まえ、伊藤は、**法律を超えないという〈立憲国家〉としての枠組みを守りつつ、内閣に行政命令の形でフリーハンドを与えようとした**のです（第37条で後述）。

大日本帝国憲法　第9条を**変更**

〈日本国憲法　第73条〉

内閣は、他の一般行政事務の外、左の事務を行ふ。

六　この憲法及び法律の規定を実施するために、政令を制定すること。但し、政令には、特にその法律の委任がある場合を除いては、罰則を設けることができない。

文武官の任免

俸給の決定権も天皇大権に属する

第十条　天皇ハ行政各部ノ官制及文武官ノ俸給ヲ定メ及文武官ヲ任免ス但シ此ノ憲法又ハ他ノ法律ニ特例ヲ掲ケタルモノハ各々其ノ条項ニ依ル

（天皇は、行政の各組織の制度や文武官の給与を定め、文武官の任免を行う。ただし、この憲法や法律において特例を設けたものは、それぞれその条項に依拠する）

恭《つつし》んで考えるに、至尊たる天皇は建国の必要により、行政各部署の官局を設置し、その適当な組織と職権を定めて、文武にわたって有能な人物を登用し、また罷免《ひめん》する大権を行使する。

この国の始まりから歴史をたどると、神武天皇が大いなる事業を定めて、地方官として国造《くにのみやつこ》・県主《あがたぬし》を置く。これが官を定めた初めとして史実に見られるものである。ついで孝徳天皇が八省を置き、職官が大いに備わった。明治維新の初めには、大宝令の旧制度に依拠しながら増減するところがあった。その後、しばしば増設され、それを経て官制および俸給の制度を天皇は定められた。

かくして、大臣は天皇が自ら任免するところである。勅任以下の高等官は、大臣の上奏によって裁可して任免する。みなひとしく至尊たる天皇の大命により出ないものはない。ただし、裁判所および会計検査院の構成は勅令によらずに法律で定め、裁判官の罷免は裁判によって行うというのは、憲法および法律の掲げる特例によるものである。

官を分けて役職を設けることが天皇の大権に属する以上、俸禄を給与することもまたこれに付随すべきものである。

(附記) ドイツの史実から考察すると、かつては官吏の任免はもっぱら君主および長官の随意に任せていたが、17世紀になって帝国最高裁判所の裁判官は裁判によらなければ罷免することができないとして、この原則を帝国参事官にも適用した。その後18世紀に至り、行政官吏の任職もまたこの裁判により確定するという権利に属するとの説が行われ、往々にして各国に採用された。

しかし、19世紀の初め、官吏は俸給についてはこの確定の権利をもつけれども、任職についてはない、よって、俸給あるいは恩給を与えて罷免する限りは行政上の処分で十分であるとの説を論ずる者も現れた。この論理は初めバイエルンにおいて官吏の職制法に掲げられ、政府は懲戒裁判によらず、行政上の適当な手段によって、官吏の階級およびその階級に相当する俸給を保証したまま、職務およびその職務に相当する俸給ならびに服務を解除することができるようになった（1818年法）。

イギリスだけはドイツ各領邦とは異なり、一部の官吏を除いて、君主は随意に文武官を任免する特権があるとしていることは、今も昔と変わらない。

解説　天皇が文武官を選任したのか？

本条は、文武官の任免権と俸給の決定権が天皇の大権に属することを定めたものです。しかし、第3条・第4条の規定を踏まえれば、それは「主権の体」の話であって、**天皇が意のままに任免できたわけではないことは明らか**でしょう。伊藤博文も（附記）において、行政官吏の任職が裁判で確定され、また、俸給が権利として保障されるようになったドイツの歴史について述べています。

なお、内閣から独立した裁判官（第58条）と会計検査院（第72条）については、その独立性を保障するため、別に法律で定めることとされました。

日本国憲法では、国家公務員の人事は内閣の事務とされています（第73条）。

〈日本国憲法　第73条〉　大日本帝国憲法　第10条を**変更**

内閣は、他の一般行政事務の外、左の事務を行ふ。

四　法律の定める基準に従ひ、官吏に関する事務を掌理すること。

陸海軍の統帥

天皇は軍を統帥する本部を設置し、陸海軍を統率・指揮

第十一条　天皇ハ陸海軍ヲ統帥ス
（天皇は陸海軍を統率・指揮する）

恭《つつし》んで考えるに、太祖たる神武天皇がこの国を造られ、物部《もののべ》・靫負部《ゆぎえべ》・来目部《くるめべ》を統率して、その後、歴代の天皇は、内外に事あれば自ら大軍を率いて征討の労をとり、あるいは皇子・皇孫を代わりに行かせ、有力豪族の臣《おみ》・連《むらじ》や地方豪族の国造《くにのみやつこ》・伴造《とものみやつこ》は武将を務めた。天武天皇は兵政官の長を置き、文武天皇は軍令の大綱を定めて、三個の軍ごとに大将軍を任じることとし、出征の際には節刀《せっとう》（天皇の権限を代行することを意味する刀）を授けた。兵馬の指揮権は、とりもなおさず朝廷にあった。その後、いったん武門に帰したため、政治のおおもとが衰えた。

明治天皇は中興の初め、親征の詔を発し、大権を総攬し、それ以来兵制を改革し、積もった悪弊を一掃し、軍を統帥する本部を設けて、自ら陸海軍を取りまとめなさっている。かくして、歴代の天皇の威光・遺業をふたたび元のまま取り戻すことができた。本条は、兵馬の統一は至尊たる天皇の大権であって、もっぱら帷幄《いあく》（統帥機関）が発する軍令（作戦行動に関する命令）に属することを示すものである。

解説

「統帥権の独立」とは何だったのか？

天皇が陸海軍の統率・指揮（統帥）し、そこに内閣・議会の干渉を許さないとする「統帥権の独立」は、戦前の日本を戦争への道に向かわせた、大日本帝国憲法下の悪しき制度として知られていますが、伊藤博文の説明によれば、**本条の趣旨は「兵馬の統一」という点**にありました。江戸時代には、諸藩が藩兵として軍事力をそれぞれに保有していました。それを、朝廷が「兵馬の権」（原文）を握っていた古代の体制に復するというのです。

しかし、条文があまりに簡素で、軍令（軍隊の作戦計画と動員）に関する規定がなかったため、軍令機関（陸軍参謀本部・海軍軍令部）に「統帥権の独立」を大義名分にフリーハンドを与える結果となりました。その意味で日本国憲法第66条②のような、文民統制（シビリアン・コントロール）の規定が必要だったと言えます。

なお、日清戦争（1894〜95）において、最終的な判断を下したのは、時の首相であった伊藤博文です。近代においては、外交的な駆け引きなしに戦争を遂行することはできません。

〈日本国憲法　第9条〉　大日本帝国憲法　第11条を**変更**

①日本国民は、正義と秩序を基調とする国際平和を誠実に希求し、国権の発動たる戦争と、武力による威嚇又は武力の行使は、国際紛争を解決する手段としては、永久にこれを放棄する。

②前項の目的を達するため、陸海空軍その他の戦力は、これを保持しない。国の交戦権は、これを認めない。

〈日本国憲法　第66条〉　大日本帝国憲法　第11条を**変更**

②内閣総理大臣その他の国務大臣は、文民でなければならない。

陸海軍の編制権

陸海軍の編制や予算は、天皇が自ら決裁するもの

第十二条 天皇ハ陸海軍ノ編制及常備兵額ヲ定ム
（天皇は、陸海軍の編制を行い、その予算額を定める）

恭《つつし》んで考えるに、本条は陸海軍の編制および常備兵額もまた天皇が自ら決裁するものであることを示す。これは責任大臣の補佐によるのが当然であるが、帷幄（統帥機関）の軍令と同じく至尊の大権に属すべきものであって、議会の干渉を受けてはならないのである。いわゆる編制の大権は、細かに述べれば、軍隊艦隊の編制および管区における兵器の備用、給与、軍人の給与、検閲、紀律、礼式、服制、駐屯、城塞、および海防、港湾の防衛、ならびに出動の準備などが、その中に含まれる。「常備兵額ヲ定ム」という場合、年ごとの徴兵人員を定めることもまたその中に含まれる。

解説

兵力量の決定は「統帥権の独立」にあたったのか？

前条で規定された陸海軍の統率・指揮権（統帥権）に対し、本条で規定された「陸海軍の編制および常備兵額」、すなわち、兵力量の決定は、編制大権に属します。天皇大権の一つでしたが、予算が関係しますので、内閣の輔弼《ほひつ》事項とされました。また、「議会の干渉を須《ま》たざるべきなり」（原文）とあるものの、予算ですので当然、議会でも審議されます。統帥権とは違って、軍の完全なフリーハンドではなかったのです。

ここで想い起こされるのが、昭和5年（1930）にロンドン海軍軍縮条約の締結に際して生じた「統帥権干犯」問題です。浜口雄幸《おさち》内閣（立憲民政党）が補助艦の保有量を制限した軍縮条約の調印に踏み切ると、海軍軍令部や右翼に加え、野党の立憲政友会までもが「統帥権干犯」であると攻撃しました。本条の編制大権に属する案件なのに、です。浜口首相は東京駅で右翼青年に狙撃され、翌年に退陣後まもなく死亡しました。

大日本帝国憲法には「戦争への道」がプログラミングされていたわけではありません。伊藤博文が憲法に埋め込んだ〈立憲主義〉の精神が見失われてしまったことが、軍部の暴走を招いたのです。

外交事務

天皇は責任大臣の補佐によって外交事務を行う

第十三条　天皇ハ戦ヲ宣シ和ヲ講シ及諸般ノ条約ヲ締結ス
（天皇は、宣戦を布告し、講和を結び、もろもろの条約を締結する）

恭《つつし》んで考えるに、外国との交戦を宣告すること、和戦を講じること、および条約を締結することは、すべて至尊たる天皇の大権に属し、議会のあずかるところではない。これは、一つめには君主は外国に対して国家を代表する主権の取りまとめが求められ、二つめには和戦および条約はもっぱら時機に応じてはかりごとを迅速にすることが重んじられるからである。「諸般ノ条約」とは、和親・貿易および連盟の条約のことをいう。

（附記）ヨーロッパ各国の過去の例を見ると、中古において各国の君主は往々にして外交のことを自ら行い、イギリスのウィリアム3世などは自ら外務長官の任にあたって、当時の人は外交事務に長じていると称賛した。

近年は、立憲主義がようやく進歩するにおよんで、他の行政事務と同様に、各国の外交事務は責任大臣が管轄し、君主はその補佐によって行うようになった。ナポレオンがフランスの執権であったときに、仏英両国の文書を作成し、直接イギリスの君主に送ったが、イギリスはその文書を受けて外務執政の文書で回答した。

今日の国際法において、慶弔の親書を除いて、各国の交際や条約についてはすべて執政大臣を経由して行うことは、多くの国が認めている。本条が掲げるところはもっぱら、議会が関わることなく、天皇が責任大臣の補佐により外交事務を行うことを言っているのである。

解説　対外的に国家を代表する〈元首〉とは？

大日本帝国憲法では、外交に関する宣戦・講和および条約の締結は天皇大権に属するとされました。しかし、法的に責任を問われない天皇（第3条参照）が自ら外交手腕をふるうということはありません。「天皇其の大臣の輔翼《ほよく》に依り外交事務を行ふ」（原文）のです。

ヨーロッパの歴史において、外交権は君主の手元に最後まで残された専権でした。しかし、17世紀後半の名誉革命後のイギリスでは、他の行政事務と同様に責任大臣の管轄となります。そうした経緯を踏まえ、大日本帝国憲法も**対外的に国家を代表する〈元首〉としての振る舞いを天皇に求めた**のです。

なお、伊藤博文は議会の関与を否定していますが、日本国憲法では条約の締結には国会の承認（批准）が必要であるとされています（第73条三）。

〈日本国憲法　第７条〉　大日本帝国憲法　第13条を**変更**

天皇は、内閣の助言と承認により、国民のために、左の国事に関する行為を行ふ。

一　憲法改正、法律、政令及び条約を公布すること。

〈日本国憲法　第73条〉　大日本帝国憲法　第13条を**変更**

内閣は、他の一般行政事務の外、左の事務を行ふ。

三　条約を締結すること。但し、事前に、時宜によつては事後に、国会の承認を経ることを必要とする。

戒厳の宣告

非常時に権力の暴発を防ぐための厳密な規定

第十四条　天皇ハ戒厳《かいげん》ヲ宣告ス
戒厳ノ要件及効力ハ法律ヲ以テ之ヲ定ム
（天皇は、有事において立法・司法・行政の一部を軍の機関に委ねることを宣告する。
戒厳の要件および効力は法律によって定める）

恭《つつし》んで考えるに、戒厳とは、外敵や内変の時機に臨んで、通常の法律を停止し、司法および行政の一部を軍事処分に委ねることである。本条は、戒厳の要件と効力を法律で定めることとして、その法律の条項に準拠し、時に臨んで宣告しまたそれを解除することを至尊たる大権に帰属させた。要件とは、戒厳を宣告する時機および区域に関する必要な限定や、宣告に必要な規定のことをいう。効力とは、戒厳を宣告したことで権力がおよぶ範囲のことをいう。

ただし、敵に囲まれた地において戦権（軍事指揮権）を施行し臨時戒厳を宣告するのは現地の司令官に委ね、処分後に上申することを許可している。これは、法律において便宜的に至尊たる天皇の大権を将帥《しょうすい》に委任するということである（明治15年布告の戒厳令）。

解説 「戒厳」とは何か？

戒厳とは、戦争や内乱に際して、一時的に行政権・司法権を軍の管轄とすることです。国民（臣民）の権利・自由を保障する法律も一部停止されます。大日本帝国憲法では、戒厳は天皇の大権に属するものとされるとともに、要件や効力を法律で定めることとされました。**非常時こそ権力の暴発を防ぐため厳密な規定が必要**です（第31条で後述）。

なお、戦前には、明治38年（1905）の日比谷焼打ち事件、大正12年（1923）の関東大震災、昭和11年（1936）の二・二六事件と3例の実施がありましたが、これらはいずれも第8条の緊急勅令の規定に基づくもの（行政戒厳）です。

栄典の授与

至尊たる天皇は栄誉の源泉

第十五条　天皇ハ爵位《しゃくい》勲章《くんしょう》及其ノ他ノ栄典ヲ授与ス
（天皇は、爵位・勲章およびその他の栄典を授与する）

恭《つつし》んで考えるに、至尊たる天皇は栄誉の源泉である。思うに、功を賞し労に報い、優れた行いや善いふるまいを表彰し、光栄ある位・勲章・特典を授与するのは、もっぱら至尊たる天皇の大権に属する。かくして、臣下がひそかにもてあそぶことを許さないものである。

我が国の太古において純朴であった世には、姓《かばね》により貴賤の別を定めた。推古天皇が初めて冠位十二階を定め、諸臣に分かち賜った。天武天皇は四十八階に定めた。文武天皇は冠の賜与を廃して、代わりに位階を授けた。大宝令に載せられているのがすべてで三十階。これが現在の位階の始まりである。また、勲位十二等は、武功を賞したり、孝行者や農業に尽くした人に賜ったりしたものである。

中世以降、武門が専権を握った時代には、賞罰の権限はすでに幕府に移ったけれども、位に叙し授ける儀式はなお朝廷に属していた。維新の後、明治2年に位制を定め、一位から九位に至る。明治8年には勲等賞牌の制を、明治17年には公爵・侯爵・伯爵・子爵・男爵の五等爵の制を定めた。これらはみな賞して奨励するものを明らかにして、光栄ある大典を示したものである。

解説 なぜ天皇が栄典を授与するのか？

伊藤博文は、武功のあった者や「孝弟力田《りきでん》の人」（原文）を表彰してその労をねぎらってきた歴史を、古代から振り返っています。**天皇が栄典を授与するのは、要するにそれが何よりも喜ばしいから**です。それはまた、第2章で後述するように、国父としての天皇と「おほみたから」として臣民という関係に裏打ちされたものでした。

なお、日本国憲法においても栄典の授与は天皇の国事行為（第7条）ですが、いかなる特権も伴わないものとされています（第14条③）。また、「法の下の平等」の原則から、爵位の制度は否定されています（第14条②）。

〈日本国憲法　第7条〉
天皇は、内閣の助言と承認により、国民のために、左の国事に関する行為を行ふ。
七　栄典を授与すること。

大日本帝国憲法　第15条を**修正**

〈日本国憲法　第14条〉
③栄誉、勲章その他の栄転の授与は、いかなる特権も伴はない。栄転の授与は、現にこれを有し、又は将来これを受ける者の一代に限り、その効力を有する。

大日本帝国憲法　第15条を**修正**

刑の減免

恩赦は天皇の慈悲の特典

第十六条 天皇ハ大赦特赦減刑及復権《たいしゃとくしゃげんけいふっけん》ヲ命ス
（天皇は、罪人に対する刑の減免や復権を命じる）

恭《つつし》んで考えるに、国家はすでに裁判所を設置し、裁判官を置いて、正理公道に従って平等に臣民の権利を保護させている。しかしなお、法律が諸般の人の世の出来事について委曲を尽くすだけでは足りず、時に犯人に対して情状を酌量すべきことがあり、立法・司法の規則が欠落や遺漏を埋め尽くすことができないことを恐れる。それゆえ、恩赦《おんしゃ》の権は、至尊たる天皇の慈悲の特典によって法律が及ばない点を補充し、一人の民とも罪に納得がいかないという者をなくそうというものである。

大赦は、特別の場合を除いて特例の恩典を施行するものであり、ある一種類の犯罪に対して赦《ゆる》すものである。減刑は、宣告された刑を減じるものである。復権は、剥奪された公権を回復することである。

以上、第4条から第16条まで元首の大権を列挙した。そもそも元首の大権は、憲法の正条で規定された範囲外にも及ばないところがないことは、太陽の光線が遮蔽《しゃへい》された先にも映射しないところはないようなものである。元首の大権は元来、逐一列挙して初めて存立するものではない。かくして、憲法が掲げるのは、その大綱を挙げ、また、その中でも節目の重要なものを並べて、標準を示したのみである。よって、貨幣鋳造権や度量衡権などはいちいち詳しく述べるまでもない。省略されているのは、大権のうちに包括されているからである。

解説 恩赦にうかがわれる〈立憲君主〉を超える天皇の性格とは？

恩赦とは、国家の慶事などに際して刑罰を免除したり軽減したりすることです。伊藤博文は、「恩赦の権は至尊慈仁の特典を以て法律の及ばざる所を補済し、一民の其の情を得ざる者無らしめむことを期する」（原文）ものであると説明します。

このように天皇は、憲法に従って統治権を総攬する〈立憲君主〉としての性格（第4条参照）とともに、国民（臣民）を慈しむ国父としての性格も持ち合わせていました。その性格は、続く「第2章　臣民権利義務」に色濃く表れています。

なお、恩赦は日本国憲法では内閣の助言と承認に基づく国事行為とされています（第7条）。

大日本帝国憲法　第16条を**修正**

〈日本国憲法　第7条〉

天皇は、内閣の助言と承認により、国民のために、左の国事に関する行為を行ふ。

六　大赦、特赦、減刑、刑の執行の免除及び復権を認証すること。

摂政の設置

摂政の設置は皇室の家法による

第十七条　摂政《せっしょう》ヲ置クハ皇室典範《こうしつてんぱん》ノ定ムル所ニ依ル
摂政ハ天皇ノ名ニ於テ大権ヲ行フ
（摂政を置く場合には皇室典範の定めるところに依拠する。摂政は天皇の名において天皇の持つ権利および能力を行使する）

恭《つつし》んで考えるに、摂政は天皇のすることを代行する。よって、至尊たる天皇としての本分を除いて、一切の大政は天皇の名において行い、また、大政について責任を負わないことは、ひとえに天皇と同じである。ただし、憲法第75条が規定する場合において例外があるだけである。「天皇ノ名ニ於テ」というのは、天皇に代わってという意味である。思うに、摂政の政令とは、とりもなおさず天皇に代わって宣布するものである。

摂政の設置は皇室の家法による。摂政として天皇の大権を総攬するのは憲法に係わることである。それゆえ、後者については憲法に掲げ、前者については皇室典範の定めるところによる。思うに、摂政を置くことについて当否を判断するのはもっぱら皇室に属すべきであって、臣民に議論が許されることではない。

そもそも、天皇に予期せぬことがあり政治を自ら行うことができないというのは、稀に見る非常の事態であって、国家動乱の兆しはこの時に潜んでいる。かのドイツにおいて、両院を召集し両院の合議により摂政を設置する必要を議決すると憲法に掲げるなどは、皇室の大事を民義の多数に委ね、皇統の尊厳を冒涜《ぼうとく》する道を開いているようなものである。

本条が摂政を置く要件を皇室典範に譲り、憲法に載せないのは、思うに、もっぱら国体を重んじ、些細なことが大きな禍とならぬよう、その始まりを慎むということである。

解説

摂政はどのような時に置かれるのか?

摂政とは、幼少や病弱の天皇に代わって政務を摂り行う者のことです。本来は厩戸王《うまやとおう》（聖徳太子）のように皇族が就くものでしたが、平安時代には藤原氏が外戚の立場から摂政となり、政治の実権を握りました。

大日本帝国憲法下においても、大正9年（1920）、病状の悪化した大正天皇に代わって、皇太子裕仁親王（後の昭和天皇）が摂政に就任し、摂政宮と称しました。

伊藤博文は、「摂政を置くは皇室の家法に依《よ》る」「蓋《けだ》し摂政を置くの当否を定むるは専ら皇室に属すべくして、而《しか》して臣民の容議する所に非《あら》ず」（原文）と、天皇家の私的な部分には干渉しないという論理をここでも貫いています（第2条参照）。

〈日本国憲法　第5条〉　大日本帝国憲法　第17条を**修正**

皇室典範の定めるところにより摂政を置くときは、摂政は、天皇の名でその国事に関する行為を行ふ。この場合には、前条第一項の規定を準用する。

第2章
臣民権利義務

本章の序

天皇と臣民は、歴史的に幸福な関係で結ばれていた

第2章は第1章に続いて臣民の権利および義務を掲げる。思うに、歴代の天皇の政治はもっぱら臣民を愛し大切にされて、「大宝《おおみたから》」と名づけていた。特赦に際して検非違使《けびいし》（京中の警察を行う官）次官が囚人に申し渡した天皇の仰せの言葉には、「公御財《おおみたから》となって御調物《みつきもの》をたてまつれ」とある。歴代の天皇が即位の日に皇親以下の天下の人民を集めて大詔《たいしょう》を宣べたまう詞には、「集まった皇子たち、王《おおきみ》・臣たち、百官たち、天下の公民《おおみたから》たちはみな聞きなされと詔をする」とある。文書を司る役人が用いる「公民」の字はつまり、「おおみたから」の名称を唐風に記したものである。

一方、臣民たちは自らを「御民《みたみ》」と称した。天平6年に海犬養《あまの》宿禰《すくね》（岡麻呂）が詔に応えた歌に、「御民《みたみ》われ　生《い》ける験《しるし》あり　天地《あめつち》の　栄ゆるときに　逢へらく念《おも》へば」とあるのがこれにあたる。

思うに、天皇は上にあって愛し大切にするという心で民を国の宝だと思い、民は下にあって大君に服従し自らを幸福な臣民だと思う。これが我が国の故事や旧習にあるもの

で、本章に掲げる臣民の権利・義務の源もまたこの意味にほかならない。

そもそも、中古において武門の政治は武士と民衆との間で身分を分け、武士が公権を専有して民衆はそれに預からなかっただけでなく、私権も民衆は十分にもつことができなかった。公民の義理はここに絶滅して伸長しなかった。

維新の後、しばしば大令を発し、士族の特権を廃して、日本臣民たる者は初めて平等にその権利をもち、その義務を尽くすことができるようになった。本章が記載するところは、中興の成果を培い殖《ふ》やし、明記して永久に保障するためのものである。

解説 臣民は「おほみたから」

大日本帝国憲法において、国民は天皇に従属する者という意味で「臣民」と呼ばれました。そうした呼称が、自由・権利を制約されたという（誤った）イメージを与えるのかもしれません。

しかし、伊藤博文は歴史をひも解き、臣民は「おほみたから」と呼ばれたと述べます。**天皇は国父として臣民を慈み、臣民も天皇に喜んで尽す――幸福な関係で結ばれていた**と言うのです。

こうした、国父としての天皇と「おほみたから」として臣民という**歴史的に形成された関係**

の上に、伊藤は近代的な権利と義務の関係を基礎づけようとしました。そこに〈制約〉という意識はありません。以下の各条で見るとおり、大日本帝国憲法は臣民の自由・権利を実質的に保障するものだったのです。

臣民の要件

出生や帰化などによって日本臣民となる

第十八条　日本臣民《しんみん》タルノ要件ハ法律ノ定ムル所ニ依ル
（大日本帝国の臣民であることの要件は、法律で定めるところによる）

「日本臣民」というのは、外国の臣民と区別した言い方である。日本臣民たる者は、おのおの法律上の公権および私権をもつことができる。これが、臣民たる要件は法律で定める必要がある理由である。日本臣民たる者には二種類ある。第一は出生による者、第二は帰化またはその他法律の効力による者である。

国民としての地位は別法の定めるところによる。ただし、私権の完全な享有と公権は国民としての地位に随伴するものであるので、特に別法で定める旨を憲法に掲げることを怠《おこた》っていない。それゆえ、別法が掲げる内容は憲法が指し命じるものである。また、憲法における臣民の権利・義務と関係するものである。

選挙権・被選挙権・任官の権利などが公権にあたる。公権は、憲法またはその他の法律によって認定し、もっぱら本国人が持つところとして外国人に認めないというのが、各国で一般的な公法である。私権については、本国人と外国人との間に隔絶の区別をしたのはすでに歴史上の過去の出来事であって、今日では一、二の例を除いて、各国ともたいていは外国人に本国人と同様に認めている傾向が見られる。

解説 日本臣民の要件とは？

臣民（国民）は、領土（領域）・主権とともに国家を構成する3要素の一つです。また、外国人に対して選挙権や就官権などを認めることはできません（最近では限定的に認めるべきという議論もありますが）。そこで、**日本臣民の要件は法律（国籍法）で定めること**とされました。

〈日本国憲法　第10条〉　大日本帝国憲法　第18条を**継承**

日本国民たる要件は、法律でこれを定める。

臣民の就官権

幅広く優秀な人材の登用によって富国強兵をはかる

第十九条 日本臣民ハ法律命令ノ定ムル所ノ資格ニ応シ均《ひとし》ク文武官ニ任セラレ及他ノ公務ニ就《つ》クコトヲ得

(日本臣民は、法律・命令が定める資格に応じて、誰もが平等に文武官に任じられ、その他の公務に就くことができる)

文武官に任じられたり、その他の公務に就いたりするのに、門閥《もんばつ》には拘《こだわ》らない。

これは明治維新における改革の成果の一つである。かつて生まれによって身分を差別していた時代には、官職は家柄によって決まり、生まれた家の職を継ぎ、低い身分の者は才能があっても要職に登用され得なかった。維新の後、こうした悪習を一掃して門閥の弊害を取り除き、爵位の等級はいささかも就官の平等を妨げることはなくなった。

要するにこれが、憲法が本条で明記して保障することである。ただし、法律・命令で定める相当の資格、すなわち年齢・納税および試験する能力といった諸般の資格は、官職および公務に就く要件であるというだけである。

日本臣民は「均ク文武官ニ任セラレ及他ノ公務ニ就クコトヲ得」と言うからには、特別の規定がある場合を除いて、外国臣民にこの権利を認めないというのは、おのずと分かることである。

解説 「就官の平等」の目的は？

富国強兵を図るには、文官・武官ともに門閥にかかわらず広く優秀な人材を登用しなければなりません。そこで、本条では「就官の平等」が明記されました。こうして、戦前には、帝国大学から高級官僚へ、陸軍士官学校・海軍兵学校から将校へという「立身出世」のコースが用意されることになったのです。

なお、日本国憲法では、「法の下の平等」の観点から政治的差別が禁止されています（第14条①）。

〈日本国憲法　第14条〉

大日本帝国憲法　第19条を**修正**

①すべて国民は、法の下に平等であつて、人種、信条、性別、社会的身分又は門地により、政治的、経済的又は社会的関係において、差別されない。

兵役の義務

国を守ることは日本男児の勤め

第二十条　日本臣民ハ法律ノ定ムル所ニ従ヒ兵役《へいえき》ノ義務ヲ有ス
（日本臣民は法律の定める所に従い、兵役の義務を有する）

日本臣民は日本帝国を構成する一員であって、ともに国家の存続独立および光栄を守る者である。上古以来、我が臣民は事あればその身その家という私的なことを犠牲にして、本国を防護することを男児の勤めと考えた。忠義の精神は栄誉の感情とともに人々の中に祖先以来受け継がれ、心身に深く染みわたって一般の気風を形成していた。

聖武天皇の詔にいわく、「大伴・佐伯の両宿禰《すくね》は常に言うように、天皇の朝廷をお守り仕え申し上げることに、身もかえりみない者どもであるので、お前らの祖先どもが歌ってきた、『海行かば 水漬《みづ》く屍《かばね》、山行かば 草生《む》す屍、大君《おおきみ》の辺《へ》にこそ死なめ、長閑《のどか》には死なじ（海を行けば水に浸かった屍となり、山を行けば草が生えた屍となり、大君のおそばで死にたい、穏やかに死ぬことはあるまい）』という歌を、お前らも継ぐ者だと聞いている」と。この歌こそは相伝して忠武の教育をしてきた歌にほかならない。

大宝令によって軍団が設置され、国内の成年男子で兵役に堪える者を徴発することとなった。持統天皇の治世に、国ごとに成年男子4人につき1人を徴発したのが、徴兵制の由来である。武門が政権をとった時代には、武士と農民の職が分かれ、兵武のことは一種族の専業となって、徴兵の旧制は久しく失われた。

しかし、維新の後、明治4年に武士の身分を廃止し、明治5年に古代の制度に基づいて徴兵令を公布した。徴兵令では、全国の男子で20歳になった者は陸海軍の役に就き、平時において毎年の徴発は常備軍の編制に従って、17歳から40歳までの人員は兵籍に登録するとともに、戦時には臨時召集することとなった。これが現行の徴兵の方法である。

本条は、法律の定めるところによって全国の臣民に兵役に服する義務を負わせ、身分にかかわらず、平生から士気や身体を養わせて、一国の武勇の気風が将来にわたって失われないよう定めたものである。

解説 「兵役の義務」の実情とは？

古代の律令国家では、唐という大国に対峙《たいじ》すべく、公民から兵士が徴発されて常設の軍団が置かれました。武家の世を経て、明治維新において列強諸国を前に再び「兵馬の指揮権」が統一され（第11条参照）、**成年男子から徴兵**が行われることになりました。明治5年（1872）に出された徴兵告諭では、「全国四民男児二十歳ニ至ル者ハ尽《ことごと》ク兵籍ニ編入シ、以テ緩急ノ用ニ備フヘシ」と宣言されています。

しかし、兵役には、戸主・跡継ぎ・身長5尺1寸（約154センチ）未満の者・官立学校の生徒といった免役規定が設けられ、徴兵に相当する者のうち実際に入営した者の割合は、日中戦争（1937〜）が始まるまで2割を超えることはありませんでした。**兵役は決して平等の「義務」ではなかった**のです。

納税の義務

受ける利益に対する見返りではない

第二十一条　日本臣民ハ法律ノ定ムル所ニ従ヒ納税ノ義務ヲ有ス
（日本臣民は法律の定める所に従い、納税の義務を有する）

納税は一国における共同生存の必要に応じて提供するもので、兵役と同じく、臣民の国家に対する義務の一つである。

租税は古語で「ちから」と言う。民が力を差し出すという意味である。税を課すことを「負ふす」と言う。各人に負わせるという意味である。歴代の天皇はほかならぬ統治の義理をもって国にお臨みになり、国庫の支出は全国からの正税により取った。このように、租税の法の由来は久しい。孝徳天皇は租・庸・調の制を実施し、明治維新後、地租改正を行った。これが税法の二大変革である。その詳細は書物にあるのでここでは説明しない。思うに、租税は臣民が国家の公費を分担するもので、求めに応じて提供する献上物の類ではない。また、恩沢を受ける見返りとして承諾した報酬でもない。

(附記)フランスの学者は、偏った道理から租税の意義を論じている。1789年ミラボー氏がフランス人民に向けて国費を募集した際の公的な文書にはこうある。「租税は享受する利益に報いる代償であり、公共安寧の保護を得るための前提である」と。また、ジラルディン氏はこう説く。「租税は権利の享受、利益の保護を得る目的で、国と名づけられた一会社の社員が納める保険料である」と。

こうした考えは社会契約説に基づき、納税を政府の職務と人民の義務とを交換し合うものと捉えていて、巧みな説であるが、大きな誤りである。

思うに、租税は一国の公費であって、一国の構成員である者は等しくその共同義務を負わなければならない。よって、臣民は現在の政府のためにのみ納税すべきではなく、また、前世過去の負債のためにも納税せざるを得ない。得られた利益のためにのみ提供すべきではなく、利益を享受していなくとも提供せざるを得ない。

そもそも、経費はできる限り倹約したいと思うし、租税はできる限り少なくしたいと思う。これは本来政府の務めであり、議会が財政を監督して租税を議定するというのは、立憲政治の重要な意義にほかならない。

それなのに、もしも租税の義務を上下が互いに提供し合う取引であるとみなし、納税の諾否《だくひ》はもっぱら享受する利益との損得勘定によるとすれば、人々は勝手に判断して租税を拒否することができてしまう。かくして、国家の存立が危うくならないようにと望んでも叶わないに違いない。

最近の論者は前説の非を徹底的に批判して、かくして租税の定義はようやく落ち着くべきところに落ち着いた。今その一つ二つを挙げよう。いわく、「租税は国家を保持するために設けるものである。政府の職務に報いる代償ではない。なぜならば、政府と国民の間に契約などないからである」と（フランスのエリー氏）。

またいわく、「国家は租税を賦課する権利がある。一方で臣民は租税を納める義務がある。租税の法律上の理由は臣民の純然たる義務ということである。国家の本分とその目的において欠かせない費用があるのだから、国家の構成員たる臣民はそれを提供しなければならない。国民は無形の一体として国家という自己の職分に必要な資本を提供しなければならず、従って各人は租税を納める必要がある。なぜならば、各人は国民という国家の構成要素の一つだからである。国民および各個の臣民は国家から独立した存在であり、財産の保護を受けるための報酬であると租税の意義を解釈するのは、完全に誤った説である」と（ドイツのスタール氏）。ここに記して参考にあてる。

解説　納税は利益の見返りか？

伊藤博文は、租税は国家の公費を分担するものであって、献上物の類いでも恩沢の見返りとして納めるものでもないと明言しています。たしかに、利益のために納税するのだとしたら、利益がないから納税しないという理屈も成り立ってしまいます。それでは「国家の成立危胎《きたい》ならざらむことを欲するも得べからざるべし」（原文）です。

一国の構成員である臣民は等しく一国の公費を負担する義務を負うという伊藤の説明は、地方自治体による特産品の直営と化した「ふるさと納税」のあり方についても考えさせられます。

〈日本国憲法　第30条〉　大日本帝国憲法　第21条を**継承**

国民は、法律の定めるところにより、納税の義務を負ふ。

居住と移転の自由

自由は臣民の生活・知識を発達させる源

第二十二条　日本臣民ハ法律ノ範囲内ニ於テ居住及移転ノ自由ヲ有ス
（日本臣民は法律の範囲内で居住・移転の自由が保障される）

本条は居住および移転の自由を明記して保障する。封建の時代には、藩が領国を限り、おのおの関所や柵を設けて、人民が本籍以外の地に居住することを許さなかった。また、許可なく旅行・移転することもできなかった。人民のしかるべき活動や営業を束縛して、植物と同様にしていた。

しかし、明治維新の後、廃藩とともに居住および移転の自由を認め、すべて日本臣民たる者は、領域内のどこの地にも、定住・借り住まい・寄宿する自由、および営業する自由が与えられたのである。かくして、憲法において、自由を制限するには必ず法律により、行政処分ではできないことを掲げているのは、これらの自由を尊重する意を明らかにしたものである。

以下の各条は、臣民各個の自由と財産の安全を明記して保障する。思うに、法律上の自由は臣民の権利であって、生活・知識を発達させる源である。自由な民は文明の良民として国家の繁栄に貢献できる者である。それゆえ、立憲国家はみな臣民各個の自由と財産の安全を重要な権利として必ず確保している。

ただし、自由は秩序ある社会の下に息づくものである。法律は各人の自由を保護し、また国家権力の必要により生じた制限に対してその範囲を画定して、両者の間に適当な調和をもたらすものである。かくして、各個の臣民は法律の許す範囲の中でその自由を享受し、悠然としていることができる。これはすなわち、憲法によって確保された法律上の自由である。

解説 「法律ノ範囲内」で自由は制限されたのか?

本条は大日本帝国憲法の条文の中でもっとも誤解されているものと言えるでしょう。日本国憲法では「基本的人権」は「侵すことのできない永久の権利」とされているが（第11条・第97条）、大日本帝国憲法では法律による制限があった —— このように学校の授業で教わった記憶のある方も多いかもしれません。

しかし、伊藤博文の説明によれば、本条の趣旨は「其の自由を制限するは必ず法律に由り、行政処分の外に在る」（原文）という点にありました。居住・移転の自由は「貴重」なものであるから、行政が意のままに制限することはできない、という意味だったのです。

そもそも権利や自由とは、憲法に明記されるだけで保障されるものではなく、法律で具体的に規定することで初めてその保障は実質的なものとなります。「法律ノ範囲内ニ於テ」という文言は、移転・居住の自由は法律で実質的に保障されると解釈すべきでしょう。

そして、その**法律を制定するのは、私たちが選挙した議員**なのです。

〈日本国憲法　第22条〉　大日本帝国憲法　第22条を**継承**

①何人も、公共の福祉に反しない限り、居住、移転及び職業選択の自由を有する。

人身の自由

立憲制度でもっとも重要な「国家権力に蹂躙されない」自由

第二十三条　日本臣民ハ法律ニ依ルニ非《あら》スシテ逮捕監禁審《たいほかんきんしん》問処罰《もんしょばつ》ヲ受クルコトナシ

（日本臣民は、法律によるのではなくて、逮捕・監禁・審問・処罰を受けることはない）

本条は人身の自由を明記して保障する。逮捕・監禁・審問は、法律に記載される場合に限り、その記載された規定に従って行うことができるのであって、法律の正文によらずに、いかなる行為に対しても処罰することはできない。必ずこうであってその後に、人身の自由は初めて安全を得られるのである。

思うに、人身の自由は警察および刑事訴訟の処分と密接な関係があり、わずかな隙間もない。一方では、治安を保持し、犯罪を抑制し、捜索して罪を糺《ただ》すのに必要な処分を、敏捷・強力に行うことが求められるが、他方では、各人の自由を尊重してその範囲を厳格にし、国家権力によって蹂躙《じゅうりん》されないようにすることは、立憲制度においてもっとも重要なことである。

それゆえ、警察官・司法官・刑務官が法律によらずに人を逮捕・監禁または過酷な行為をした場合は、その罪を私人よりも重くしている。また、審問の方法については、警察官に委ねずに必ず司法官が行うこととし、弁護および公開を行って、司法官または警察官が被告人に罪状を供述させるために凌虐《りょうぎゃく》を加えるものは重ねて処断することとしている。

いったい、法律の正条によらない処罰は裁判の効力がないものとする。これらはみな努めて慎重・厳密に意を尽くし、臣民を保護することが目的であって、かくして、拷問およびその他中古に見られた罪の裁き方は、歴史上のかつての事績として現代に繰り返されることはあり得ない。本条はこのことを確固たるものとし、人身の自由を間違いのない道に入らせるものである。

解説 法律によらない逮捕・処罰は許されるか?

権力の意のままに逮捕されたり処罰されたりしないというのが、立憲国家(法治国家)の大原則です。このことを、伊藤博文は「各人の自由を尊重して其の界限を峻厳《しゅんげん》にし、威権の蹂躪《じゅうりん》する所たらしめざるは、立憲の制に於て尤《もっとも》至重の要件とする所なり」(原文)と端的に指摘しています。

ですから、本条の「法律ニ依《よ》ルニ非《あら》スシテ」という文言も、前条の「法律ノ範囲内ニ於テ」と同様に解釈すべきでしょう。「本条更に之を確保し以て人身の自由をして安固の塗轍《とてつ》に入らしめ」るのです。

戦前の警察による拷問や自白の強要は、伊藤の意図に反するものでした。

〈日本国憲法 第31条〉　大日本帝国憲法 第23条を**継承**
何人も、法律の定める手続きによらなければ、その生命若しくは自由を奪はれ、又はその他の刑罰を科せられない。

〈日本国憲法　第33条〉　大日本帝国憲法　第23条を**修正**

何人も、現行犯として逮捕される場合を除いては、権限を有する司法官憲が発し、且つ理由となつてゐる犯罪を明示する令状によらなければ、逮捕されない。

〈日本国憲法　第34条〉　大日本帝国憲法　第23条を**修正**

何人も、理由を直ちに告げられ、且つ、直ちに弁護人に依頼する権利を与へられなければ、抑留又は拘禁されない。又、何人も、正当な理由がなければ、拘禁されず、要求があれば、その理由は、直ちに本人及びその弁護人の出席する公開の法廷で示されなければならない。

裁判を受ける権利

各人の権利を保護するための要件

第二十四条　日本臣民ハ法律ニ定メタル裁判官ノ裁判ヲ受クルノ権ヲ奪ハル、コトナシ
（日本臣民は法律で定めた裁判官による裁判を受ける権利を奪われることはない）

本条もまた各人の権利を保護するための要件である。法律によって構成・設置される裁判官は、政治権力の牽制を受けず、原告と被告との間で公正中立を守り、臣民は社会的弱者で資産がなかろうと、権勢のある者と事の理非を法廷で争い、検察官に対して情状を弁護することができる。それゆえ憲法は、法律で定めた正当な裁判官のほかに臨時の裁判所や委員を設置して、裁判官の権限を侵害し、各人の裁判を受ける権利

を奪うことを許さない。かくして、各人は独立の裁判所に依頼して司直の父とすることができる。

解説 「裁判を受ける権利」の規定は何を意味するか？

裁判を受ける権利には、民事事件・行政事件において権利の侵害に対する救済を求めるという請求権的な側面と、刑事事件において不当に刑罰を科されないという自由権的な側面があります。それが保障されているということは、**各人の権利の保護のため憲法で国家権力を抑制する**という〈立憲主義〉の精神で、大日本帝国憲法が貫かれていたということです。

また、「臣民は其の孤弱貧賤に拘《かかわ》らず、勢家権門と曲直を訟廷《しょうてい》に争ひ」（原文）という表現は、鎌倉時代に御成敗式目を制定した3代執権・北条泰時が、その趣旨を語った一節「人の高下《こうげ》を論ぜず、偏頗《へんぱ》なく裁定せられ候《そうら》はん」を想い起こさせます。伊藤博文は、公正な裁判を求めるこの国の土壌の上に近代的な裁判制度を根づかせようとしたのです。

〈日本国憲法　第32条〉
何人も、裁判所において裁判を受ける権利を奪はれない。

大日本帝国憲法　第24条を**継承**

住所の自由

法律によらない捜索は許されない

第二十五条　日本臣民ハ法律ニ定メタル場合ヲ除ク外其ノ許諾ナクシテ住所ニ侵入セラレ及捜索セラルヽコトナシ

（日本臣民は、法律に定めた場合を除いて、当人の許可なく住んでいるところに侵入されたり、捜索されたりすることはない）

本条は住居の安全を明記して保障する。思うに、家宅は臣民各自の安息の場所である。それゆえ、私人が家主の承諾なく他人の住居に侵入することができないだけでなく、警察・司法および収税官が、民事・刑事・行政処分のいずれかを問わず、法律で指定した場合でなくして、また法律の規定によらずして、臣民の家宅に侵入したり捜索したりすることがあったら、すべて憲法によって不法の行為とされるところであって、刑法で処罰されることを免れない。

解説 逮捕・捜索における「令状主義」とは？

本条では、本人の承諾なしに他人に住所に侵入・捜索されないという「住所の自由」が定められています。伊藤博文の説明を読めば、「他人」に警察が含まれていることは明らかなのですが、「法律ニ定メタル場合ヲ除ク」という例外（続く第26条で後述）が仇《あだ》となり、警察権力による強引な捜索が行われました。

日本国憲法では、戦前のこうした反省に立ち、逮捕・捜索には裁判所の発行する令状が必要であるとする「令状主義」が明記されています（第33条・第35条）。

〈日本国憲法　第35条〉　大日本帝国憲法　第25条を**修正**

①何人も、その住居、書類及び所持品について、侵入、捜索及び押収を受けることのない権利は、第三十三条の場合を除いては、正当な理由に基いて発せられ、且つ捜索する場所及び押収する物を明示する令状がなければ、侵されない。

信書の秘密

憲法が保障する「信書の秘密」は近代文明の恩恵

第二十六条　日本臣民ハ法律ニ定メタル場合ヲ除ク外信書ノ秘密ヲ侵サル、コトナシ
（日本臣民は、法律に定めた場合を除いて、信書の秘密を侵されることはない）

信書の秘密は近代文明の恩恵の一つである。本条は、刑事上の捜索、戦時・事変、およびその他法律の正文で指定した、必要がある場合を除いて、信書を開封したり破損したりして秘密を侵すことを許さないことを、明記して保障している。

解説

「通信の秘密」は守られたのか？

プライバシーの保護という観点から、特定の人との間の「通信の秘密」は守らなければなりません。しかし、「法律ニ定メタル場合ヲ除ク」とは例外を認めたものであって、第22条の「法律ノ範囲内ニ於テ」とは意味合いが異なります。実際、戦前には内務省が極秘に検閲を行っていました。

日本国憲法では、無条件に「通信の秘密」は保障されています（第21条②）。

〈日本国憲法　第21条〉

②検閲は、これをしてはならない。通信の秘密は、これを侵してはならない。

大日本帝国憲法　第26条を**継承**

所有権の保障

不可侵の権利だが無制限ではない

第二十七条　日本臣民ハ其ノ所有権ヲ侵サルヽコトナシ
公益ノ為必要ナル処分ハ法律ノ定ムル所ニ依ル
（日本臣民は所有権を侵されることはない。
公益のために必要な処分は、法律が定めるところによる）

本条は所有権の安全を明記して保障する。所有権は国家公権の下にあるものである。よって、所有権は国家権力に服属して法律の制限を受けなければならない。所有権はもともと不可侵の権利であるが、無制限の権利ではないのである。

それゆえ、城塁から一定の距離の周囲に建築を禁止するのに賠償は必要としない。鉱物は鉱業法の管轄下におかれる、山林は山林経済の標準に基づいて規定された規則に従わなければならない、鉄道線から一定の距離における植樹を禁止する、墓域から一定の距離において井戸を掘るのを禁止する、といったことなどは、みな所有権に制限があることの明らかな証拠であって、かくして、各個人の所有は、各個人の身体が各個人の心に服するのと同じく、国家権力に対して服属の義務を負うということが十分に分かる。

思うに、所有権は私法上の権利であって、もっぱら公法に属する全国統治の最高権力と抵触するものではない（ヨーロッパにおいて、オランダのグロティウス氏は『万国公法』で、君主は国土に最高所有権を持つとの説を唱えている。最近の国法学者はその意を採用し、国土主権の語に代えて最高所有権と呼んでいる）。

上古において臣民が私有地を朝廷に献上したり、罪により領地を没収されたり、私有地を売って銭を求めたりしたということが、史書に見られる。孝徳天皇の大化2年に、各地の屯倉《みやけ》（天皇家の直轄地）および田荘《たどころ》（豪族の私有地）を廃止して、他人の土地を自分のものにするような弊害を取り除き、かくして隋・唐の制度にならって班田制を実施した。しかしその後、所領や荘園を所有する旧習がさかんに行われたため、封建社会の形勢が生じ、徳川氏の時代に至って、農民はおおむね領主に属する耕作人にすぎなくなった。

維新の初め、明治元年12月に大令を発して村々の土地はすべて耕作者の所有地であることを定めた。明治4年には各藩が版籍を奉還し、私領という遺物が初めて跡を絶った。明治5年には地所の永代売買の禁を解除するとともに地券を発行し、明治8年には地券に所有者の名称を記すこととした（「日本帝国の土地を所有する者は必ずこの券状をもたなければならない」とある）。

これらの施策はみな、ヨーロッパ各国では、武力を用いて領主の専権を廃棄するか、巨額を用いて耕作者に権利を償却するかして行われたもので、一方で、我が国では各藩の譲渡により、容易に天皇の下での一国としての統治に帰し、そこから土地を臣民に恵み与えることができた。これは本当に他国には例を見ない史実であって、中興新政の金字塔である。

公共利益のために必要な場合は、各人の意向に反して私有財産を収用し、公共の需要に応じさせる。これはすなわち全国統治の最高主権を根拠とするもので、かくして、その規則は法律で制定される。

思うに、公益収用処分の要件は、収用する私有財産に対して相応の補償をすることにある。かくして、必ず法律で制定することを要するのであって、行政命令の範囲外である。

ることはまた、憲法が明らかに証《あか》し立てているところである。

解説 財産権（所有権）が制限される要件とは？

各個人の生計の維持に必要な財産権（所有権）は、フランス人権宣言（１７８９）などで不可侵のものとされてきました。しかし、行政に「福祉国家」的な役割が求められるようになると（第９条参照）、公共の利益のために私産を収用する必要も生じました。

そこで、本条では、財産権を「侵サルヽコトナシ」としたうえで、公益に必要な処分は法律で定めることとされています。法律で定めるというのは、**行政命令で意のままに行うことができない**ということです。また、「蓋《けだ》し公益収用処分の要件は其の私産に対し相当の補償を付するに在り」（原文）と明言しています。

日本国憲法では、「公益ノ為ニ」が「公共の福祉」と言い換えられるとともに、補償が明記されています（第29条）。

〈日本国憲法　第29条〉

①財産権は、これを侵してはならない。

②財産権の内容は、公共の福祉に適合するやうに、法律でこれを定める。

③私有財産は、正当な補償の下に、これを公共のために用ひることができる。

大日本帝国憲法　第27条を**修正**

信教の自由

人の心の中にまで国家が立ち入ることはできない

第二十八条　日本臣民ハ安寧秩序《あんねいちつじょ》ヲ妨ケス及臣民タルノ義務ニ背カサル限ニ於テ信教ノ自由ヲ有ス

（日本臣民は、公共の安全や秩序を妨げず、その義務に反しない限りにおいて、信教の自由が保障される）

中古ヨーロッパにおいて宗教が盛んだった時代、宗教を内政や外交に混用したため、流血が生じた。かくして東方の諸国は厳しい法と刑罰を用意してこれを防ぎ禁止しようとした。だが400年来、信教の自由の説が初めて萌芽《ほうが》し、フランス革命・アメリカ独立によって公然と宣言され、しだいに各国で認められるところとなり、現在各国政府は、国教があるか、社会の組織や教育において特別に肩入れされている宗教の一派があるかにかかわらず、法律上一般で各人に対して信教の自由を与えていないものはない。

かくして、異教徒を戮辱《りくじょく》したり、公権・私権の享受において差別を設けたりするといった悪習は、すでに歴史的に過去の出来事となり（ドイツの各領邦では1848年までユダヤ教徒に対して政治的権利を認めなかった）、その跡を留めないまでに至った。すなわち、信教の自由は近代文明の一大成果と捉えることができ、かくして人類にとって最も貴重なものである本心の自由と正しい道理の伸長は、数百年間にわたる無知蒙昧《もうまい》との境界を経過した後に、わずかに光り輝いて今日に達した。

思うに、本心の自由は個人の内部にあるものであって、そもそも国法が干渉する範囲外にある。なのに、国教を定めて信仰を強制するのは、人知の自然な発達と学術の競争進歩にとって最も障害となるものであって、いずれの国も、政治上の威力・権力を用いて宗門に対する無形の信仰を制圧する権利・機能を認めていない。本条は、維新以来政府が取ってきた方針に従い、各人の無形の権利に向かって前途洋々の進路を与えたものである。

ただし、信仰・帰依《きえ》はもっぱら内部の心に属するといっても、さらに外部に向かって礼拝・儀式・布教・演説および結社・集会をなすに至っては、当然、法律または警察上の安寧秩序を維持するための一般の制限にしたがわなければならない。加えて、いかなる宗教も、神明に奉り仕えるという理由で憲法・法律の外に立ち、国家に対する臣民の義務を逃れる権利をもたない。

以上のように、内部における信教の自由は完全であって何の制限も受けない。しかし、外部における礼拝・布教の自由は、法律・規則によって必要な制限を受けなければならないし、臣民一般の義務に服さなければならない。これが憲法の定めるところであり、政治と宗教とが互いに関係し合う境界領域である。

解説 「信教の自由」とは何か？

現行の日本国憲法（第20条）でも何かと誤解の多い「信教の自由」ですが、伊藤博文はその意味を、心という「内部」と行動という「外部」に分けて明快に説明しています。

まず、人の心の「内部」にまで、国家は立ち入ることができません。伊藤博文は、ヨーロッパでの400年にわたる「信教の自由」が獲得されるに至る歴史に触れたうえで、「蓋《けだ》し本心の自由は人の内部に存する者にして、固《もと》より国法の干渉する区域の外に在り」（原文）と述べます。**「信教の自由」とは国家が心の「内部」に干渉しないこと**なのです。

しかし、心の「内部」で何を信じようとも（それだけでは）迷惑はかかりませんが、布教したり儀式を行ったりと「外部」の行動に移せば、他人に影響を及ぼします。それゆえ、「外部」に於ける礼拝・布教の自由は法律規則に対し必要なる制限を受けざる」を得ません。憲法の条文に書かれている「安寧秩序ヲ妨ケス」とはそういう意味であって、内部の「心」を制限するものではありません。むしろ、「外部」の行動を自ら律することで、内部の「心」の自由は確実に保障されます。

内面的な「信教の自由」が、そのまま外面的な「宗教の自由」として認められるわけではないのです。

〈日本国憲法　第20条〉

大日本帝国憲法　第28条を**修正**

①信教の自由は、何人に対してもこれを保障する。いかなる宗教団体も、国から特権を受け、又は政治上の権力を行使してはならない。

言論の自由

自由で活発な意見交換が社会を発展させる

第二十九条　日本臣民ハ法律ノ範囲内ニ於テ言論著作印行集会及結社ノ自由ヲ有ス

（日本臣民は法律の範囲内で言論・著作・図書の刊行・集会・結社の自由が保障される）

言論・著作・図書の刊行・集会・結社はみな、政治および社会の上に一つの勢力を作り出すものであって、それが有害をなしたり治安を妨害したりするものを除き、その自由を認めて人々の意見交換を活発にして、文明の進化に有益な材料を与えようとしない立憲国家はない。

ただし、他方においてこれらの行為は容易に濫用されうる鋭利な道具であるので、これによって他人の栄誉や権利を侵害したり、治安を妨げたり、罪悪を教唆《きょうさ》したりするものに対しては、法律によって処罰し、または法律で委任された警察処分によりこれを防がざるを得ないというのは、公共の秩序を保持する必要によるものである。ただし、この制限は必ず法律により、行政命令の範囲外である。

解説　言論の自由はなぜ認められるべきか？

福沢諭吉は「多事争論」という言葉を好んで用いました。各人が自由に意見を戦わせることで、より良い意見が勝ち抜き、社会の発展に寄与すると考えたからです。

伊藤博文も同じ考えであったことは、「総《すべ》て其の自由を与へて思想の交通を発達せしめ、且《かつ》以て人文進化の為に有益なる資料たらしめざるはなし」（原文）という文言からうかがわれます。ですから、第22条と同様に、「此の制限は必ず法律に由り而して命令の区域の外に在り」（原文）、つまり、行政が意のままに制限することはできないというのが、本来の趣旨だったのです。

〈日本国憲法　第21条〉　大日本帝国憲法　第29条を**継承**

①集会、結社及び言論、出版その他一切の表現の自由は、これを保障する。

臣民の請願権

民の声を聞くことは、日本古来のもの

第三十条　日本臣民ハ相当ノ敬礼ヲ守リ別ニ定ムル所ノ規定ニ従ヒ請願ヲ為スコトヲ得

（日本臣民は、天皇に対する正当の敬礼を守り、別に定める規定に従って請願することができる）

請願の権利は、至尊たる天皇の仁愛の極致により、言論の道を開いて民情に通じようという趣旨のものである。孝徳天皇の代に鐘をかけ箱を設けて諫言《かんげん》・愁訴《しゅうそ》の道をお開きになり、中古以後、歴代の天皇は朝堂にて人々の申し文を読ませ、大臣・納言の補佐によって自らお聞きになり、判断なさった（『愚管抄《ぐかんしょう》』〈鎌倉時代に慈円が著した史論〉によると、嵯峨天皇以後このことは廃れた）。

史実を考察すると、昔から名君はみな、上聞に達する道を開き、無実の罪の者を救うことに努めない者はなかった。思うに、議会が開かれておらず、裁判訴訟の法も備わっていなかった時代にあたっては、その言葉を聞き入れ民情に通じるというのは、たんに君主の大いなる仁慈の徳というだけでなく、政治上においても多くの意見を集め多数の利益にかなうようにするために必要なものであった。

現代においては諸般の機関がすでに整備され、公議の府もまた一つの所（帝国議会）に定まっている。しかしなお、臣民の請願の権利を規定して、民衆の苦しみの訴えと意見を献じようという真心を宮中に届けるため、障害がないようにしようというのである。これは、憲法が民権を尊重して民生を愛護し、誰一人こぼれ落とさないことを究極の目的としていることによる。かくして、政治上の徳義はここに極まりなき厚みに達すると言える。

ただし、請願する者は天皇に対する正当の敬礼を守らなくてはならず、憲法上の権利を濫用して至尊たる天皇を侵したり、他人の私事を暴いていたずらに誹謗中傷《ひぼうちゅうしょう》を増長したりするようなことは、徳義上で最も戒めるべきところであって、法律・命令または議院規則で規程を設けているのはやむを得ない措置である。

請願の権利は、君主に奉ることに始まるが、そこから押し広げて、議院および官庁に提出するにまで及ぶ。各人の利益に関わるか公益に関わるかを問わず、法律上ではその間に制限を設けない。

解説 請願権の位置づけとは？

請願権とは、公権力に対して希望を述べる権利のことです。この権利について、伊藤博文が古代から日本の歴史を振り返っているのには意味があります。というのも、中世ヨーロッパにおける絶対主義体制下では、そのようなアクセスが確保されていなかったからです。17世紀末のイギリスで、名誉革命を経て権利の章典（1689）によって、請願権は初めて明記されるに至りました。

それに対して、**日本には古来、天皇が国父として「おほみたから」である民の声を聞き届けるという歴史がありました。**多様な意見に耳を傾けるというのには、「政事上衆思を集め鴻益《こうえき》を広むるの必要」（原文）という実質的な意味もあります。こうして、近代的な権利である請願権は、日本の歴史・慣習の上に位置づけられたのです。

〈日本国憲法　第16条〉　大日本帝国憲法　第30条を**継承**

何人も、損害の救済、公務員の罷免、法律、命令又は規則の制定、廃止又は改正その他の事項に関し、平穏に請願する権利を有し、何人も、かかる請願をしたためにいかなる差別待遇も受けない。

非常大権

非常時に、元首が国家・国民を守るのは、権利であり義務である

第三十一条　本章ニ掲ケタル条規ハ戦時又ハ国家事変ノ場合ニ於テ天皇大権ノ施行ヲ妨クルコトナシ

（本章に掲げた条規は、戦時または国家事変に際して天皇の持つ権能の行使を妨げることはない）

本章が掲げる条規は、憲法において臣民の権利を明記して保障するものである。思うに、立憲主義とは、臣民だけが法律に服するのではなく、臣民の上にあって影響力をもつ国家権力の運用に対しても法律の制約を受けさせることにある。そうであってこそ、臣民はその権利・財産の安全を守られ、専横不法の疑い恐れを免れることができる。これが本章の大義である。

ただし、憲法はそれでもなお非常時の変局のために非常の例外を掲げることを怠《おこた》らない。思うに、国家の最大の目的はその存立を保持することである。熟練した船長も転覆・沈没を避け乗客の生命を救うために必要なときは、積荷を海中に投棄しないわけにはいかない。優秀な将軍も全軍の敗北を避けるため、やむを得ない時期に一部局を見捨てざるを得ない。

同様に、国家権力は危難の時期に際して、国家・国民を救済しその存立を保全するために必要な唯一の方法であると認めるときには、断固として法律および臣民権利の一部を犠牲にして、最大の目的を達成しなければならない。

これはすなわち元首の権利であるだけでなく、最大の義務でもある。国家に、もしも非常大権がなければ、国家権力は非常時に際して、その職責を尽くす手段がなくなってしまう。

各国の憲法を見ると、この非常大権について明示している、していないにかかわらず、実際において存立を保全するための国家権力の発動を認めていないものはない。なぜならば、すべての国が戦時に必要な処分を行うというのは、欺きようのない事実だからである。

ただし、常時と非常時の境は間髪も入らないほど迫っている。非常時の必要がないのに、みだりに非常大権を持ち出して権利を蹂躙するようなことは、各国の憲法は決して許していない。

思うに、憲法の正文に非常大権を掲げてその要件を示すのは、非常時について憲法上の空白を残していてはならないと考えるからである。ある国の憲法でこれに言及しないのは、臨機応変の処分により憲法の範囲外に置き、議院の判断に任せてその憲法違反の責任を解くこととしているからである。だが、最近の国法学を論じる者は、前者の方法を最も完全であるとして称賛している。

解説 非常大権の規定はなぜ必要か？

本条は、戦争や国家事変などの非常時に天皇が大権を行使することを認めたもので、この規定を非常大権と呼びます。

平常時において「国権の運用をして法律の検束を受けしむる」（原文）ことは、立憲主義として当然です。しかし、非常時には国家の存亡がかかっています。憲法を守っていたら国が滅んだというのでは本末転倒です。「蓋《けだ》し国家の最大目的は其の存立を保持するに在り」という伊藤博文の言葉を、重く受け止めるべきでしょう。それゆえ、非常大権が規定されたのです。

ただし、平常時と非常時の区別はつけがたく、また、その権限は強大であることから、**憲法の正文に掲げ、その要件を示すことで、歯止めがかけられています。**

日本国憲法には、戦争をしないという前提のもと、非常時に関する規定がありません。しかし、たとえ戦争の放棄を宣言していようとも、他国から攻撃を受ける可能性はあります。非常時を〈想定外〉としないことも、冷静な憲法改正論議には必要でしょう。

軍人の権利

現役軍人は「政事上の自由」について制限される

第三十二条　本章ニ掲ケタル条規ハ陸海軍ノ法令又ハ規律ニ牴触セサルモノニ限リ軍人ニ準行ス

（本章に掲げた条規は、陸海軍の法令・規律に抵触しないものに限って、軍人にも適用される）

軍人は軍旗の下にあって軍法・軍令をつつしんで守り、もっぱら服従を第一の義務とする。よって、本章に掲げる権利の条規で、軍法・軍令に抵触するものは軍人に適用しない。すなわち、現役軍人は集会・結社して軍制や政事を論じることができず、政事上の言論・著述・図書の刊行および請願の自由をもたないといったことが、これに該当する。

解説

軍人の権利はなぜ制限されるのが？

軍隊は軍紀が生命線です。軍紀がなくて、どうして統率が保てるでしょう。そのため、**軍法や軍令に抵触する権利・自由は制限されること**となりました。伊藤博文が挙げているように、言論や集会・結社の自由に関するもの（第29条）です。

なお、日本国憲法においても、公務員の政治的自由は制限されると考えられています。

第3章　帝国議会

本章の序

議会は立法機関であると同時に、行政を監視する役目ももつ

第3章は帝国議会の成り立ちと権利の大綱を掲げる。思うに、議会は立法に参与するものであって、主権を分かち与えられたものではない。法を審議する権利はあるが、法を定める権利はない。かくして、議会の参与は憲法の条文において付与する範囲にとどまり、無限の権利があるのではないのである。

議会が立法に参与するのは、立憲政治において欠くことのできない機関であるという趣旨による。それから、議会はただ立法に参与するだけでなく、併せて行政を監視する任を間接的に負うものである。それゆえ、我が憲法および議院法は議会に対して次の権利を認めている。一つめは請願を受ける権利、二つめは上奏および建議の権利、三つめは議員が政府に質問して弁明を求める権利、四つめは財政を監督する権利である。もしも議会が老成した着実な気質に基づいて、平和で静穏な手段を用いてこの四つの権利を誤らずに適当に行使したならば、権力の偏重を抑制し、立法と行政の関係も平衡を保って、善良なる臣民の代議たるに背かないものとなるはずである。

解説 憲法に埋め込まれた議会政治の〈理想〉

伊藤博文は、議会は「無限の権あるに非《あら》ざるなり」（原文）と述べながら、立法権のほかに、請願を受ける権利など４つの権利を列記して認めています。議会が関与する範囲は、日本国憲法と比べても条約の承認を除いてほとんど変わりません。それは、**議会重視の姿勢を示すもの**です。

実際、ドイツの憲法学者は、前年度予算の執行を定めた第71条などを見て、これでは政治の実権が議会に奪われてしまうと忠告しました。しかし、伊藤は譲りませんでした。伊藤は憲法発布のその先に、議会政治の〈理想〉を描いていたのです。

貴族院と衆議院

帝国議会が二院制である理由

第三十三条　帝国議会ハ貴族院《きぞくいん》衆議院《しゅうぎいん》ノ両院ヲ以テ成立ス

（帝国議会は貴族院と衆議院の両院から成る）

貴族院は名声のある紳士を集め、衆議院は庶民から選ぶ。両院が合わさって一つの帝国議会を成し、全国の公議を代表する。よって、両院はある特例（衆議院の予算先議権）を除いて平等の権限をもち、一院のみで単独で立法にあずかることはできない。そうすることで、はかりごとが行き渡るようにして、議論の公平を期すのである。

二院制はヨーロッパ各国が伝統的に行っているところで、その功績を歴史に詳しく検討すれば、これに反する一院制を取る国は禍を免れ得ないことが証明される（フランス1791年憲法および1848年憲法・スペイン1812年憲法）。最近、二院制の祖国イギリスにおいて、二院制が社会発達を滞らせる障害になっていると説く論者がいる。そもそも二院制の利点を主張する説はすでに広く知られており、今ここで引用するまでもない。

ただし、貴族院の設置は、王室の屏翰《びょうかん》（後ろ盾）として保守の勢力を貯えるというだけではない。思うに、立国の機関において元来必要なものである。なぜなら、およそ高尚な有機物の組織はたんに各種の要素を抱合して成体をなしているというだけでなく、各種の機関によって組織の中心となるものを補佐しなければならないからである。両目は別々の位置になければ、奥行きをもって物を視ることはできない。両耳は向きが異ならなければ、偏った音の聞こえ方がしてしまう。それゆえ、元首は一人でなければならないが、多くの人の意見を集める機関は二つのうち一つを欠くこともできないことは、両輪が片方を失うことができないようなものである。

そもそも、代議制は公議の結果を取りまとめようというものである。しかし、勢力を一院のみに集め、いっときの反射的な感情と偏った考えに任せて、互いに牽制《けんせい》しあい平衡を保とうとする存在をなくしてしまったら、いったん傾いた勢いが容易に歯止めを越え、一変して多数の専制となり、さらには横暴な乱政とならないと、決して保証することはできない。その弊害はかえって代議制がなかったときよりも甚《はなは》だしい。それゆえ、代議制をとらなければその弊害もないが、代議制をとっても二院制でなければ議論の偏重を招くことは免れがたい。これは物の道理のしかるべきことであって、いっときの情況で覆い隠すことはできないのである。

要するに、代議制において二院制は、学理に照らし合わせ、また事実に証拠を求めて、不易の機関であるという結論が得られるのである。かの国（前述のイギリス）で貴族院が怠けていて議事延滞の弊害があると論じるのは、いっときの短所を指摘しているにすぎない。国家の長計に対しては価値のない言である。

解説　伊藤博文は二院制に何を期待したのか？

大日本帝国憲法でも、日本国憲法と同じく、二院制が採られていました。伊藤博文は、二院制が一院制よりも優れていることは、ヨーロッパの歴史がすでに証明していると言います。代議制は公議の結果を取りまとめるものですが、勢力を一院に集め、「一時感情の反射と一方の偏向とに任じて互相《たがいに》牽制其の平衡を持する者」（原文）がなくなっては、多数の専制に陥ってしまうというのです。

国家に限らず、どんなも組織も多様な要素（人々）が有機的に関係し合って成り立っています。**多様性こそが国家の命**です。目や耳が一つだけでは物事を正しく認識できないように、多様な意見がなければ国家は間違った方向に進んでしまいます。

そう考えると、伊藤博文はひととき前の〈ねじれ国会〉のような状況を期待していたと言えるかもしれません。まず、議院内閣制ではありませんでしたから政府と議会の間に緊張があり、そして、議会の中でも貴族院と衆議院の間に緊張がある。そうした緊張からこそ、多様な意見を集約した総意は形成されます。

両院とも似たような勢力分布ならば、二院制などそれこそ「社会発達の淹滞障碍《えんたいしょうがい》」です。

〈日本国憲法　第42条〉

国会は、衆議院及び参議院の両議院でこれを構成する。

大日本帝国憲法　第33条を**変更**

貴族院

貴族院は「慎重で熟達した粘り強い気風の国民」の代表

第三十四条　貴族院ハ貴族院令ノ定ムル所ニ依リ皇族華《こうぞくか》族《ぞく》及勅任《ちょくにん》セラレタル議員ヲ以テ組織ス
（貴族院は、貴族院令が定めるところにより、皇族・華族および天皇により勅任された議員で組織する）

貴族院議員は、世襲・選挙・勅任のいずれにかかわらず、等しく上流の社会を代表する者である。貴族院がその職分を十分に果たしたときは、政権の平衡を保ち、政党の偏った主張を抑制し、横暴な議論に偏るのを戻し、憲法が揺るぎないように助け、上下調和の機関となり、国家・民衆の幸福を永久に維持するのに多大なる効果を及ぼすものである。

思うに、貴族院は名門の貴族を立法の審議に参与させるというだけでなく、国の勲功者・学識および富豪の士を集めて、国民の慎重で熟達した粘り強い気風を代表させ、彼らが合わさって上流の一団をなし、その効用を十分に発揮させるという趣旨によるものである。その構成に関する規則は貴族院令に備わっているので、憲法には列挙しないのである。

解説 貴族院の役割とは?

「ねじれ国会」の状況を作り出すうえで、貴族院と衆議院という組み合わせは実によくできていました。

衆議院が選挙で民意を吸い上げる(選挙権は男子のみで納税資格もありましたが)のに対して、貴族院は「国の勲労・学識及富豪の士を集めて国民慎重練熟耐久の気風」(原文)を代表させる。**組織の成り立ちが異なればつねに緊張を孕《はら》みます。**

日本国憲法では、衆議院も参議院も「全国民を代表する選挙された議員でこれを組織する」(第42条)とされています。しかも、選挙制度もほぼ同じでは、勢力分布が変わらなくて当然です。これでは緊張も生じません。政権に直結する衆議院は小選挙区制、多様な意見を集める参議院は比例代表制といった、大胆な選挙制度改革が必要な時期にさしかかっているのではないでしょうか。

〈日本国憲法　第14条〉

②華族その他の貴族の制度は、これを認めない。

大日本帝国憲法　第34条を**変更**

衆議院

選挙によって選ばれた代議士は各人の良心に従い自由に発言する

第三十五条　衆議院ハ選挙法ノ定ムル所ニ依リ公選《こうせん》セラレタル議員ヲ以テ組織ス

（衆議院は、選挙法が定めるところにより、公選された議員で組織する）

衆議院の議員は、その資格と任期とを定めて、広く全国人民による公選によって採ろうというものである。本条が議員選挙の規則を別の法に譲るのは、選挙の方法については将来、その時々にかなった必要に応じて補修する便を取ろうとしたものと考えられる。それで、憲法は細かな規則まで決めようとはしなかったのである。

衆議院の議員はすべて全国の人々を代表する者である。それなのに衆議院の選挙に選挙区を設けるのは、全国からあまねく代議士を選挙するとともに、選挙の方法を簡便にするという二つの目的によるものにほかならない。それゆえ、代議士は各人の良心に従い自由に発言する者であって、所属選挙区の人民のために一地方の委任使となり、委《い》嘱《しょく》を代行する者ではないのである。

ヨーロッパの歴史を参考にすると、かつての議会では、議員が委嘱されていると考えて一部の利益を代表して全局を達観する公の義務を忘れ、したがって多数決という代議制の大原則を放棄するに至る者が往々にしていた。これは代議士の本分をわきまえていないという過ちによるものである。

解説　なぜ選挙区は分かれているのか？

「代議士は各個の良心に従ひ自由に発言する者にして、其の所属選挙区の人民の為に一地方の委任使となり委嘱を代行する者に非ざるなり」(原文) —— この一節は国会議員全員に毎朝暗唱してほしいものです。選挙区が分かれている理由も、全国からあまねく議員を選出するためと、端的に述べられています。**議員は「全国の衆民を代表する者」であって、「一地方の委任使」**ではないのです。

〈日本国憲法　第43条〉

①両議院は、全国民を代表する選挙された議員でこれを組織する。

大日本帝国憲法　第35条を**修正**

両院議員の兼職禁止

貴族院と衆議院は「構成要素」が異なる

第三十六条　何人モ同時ニ両議院ノ議員タルコトヲ得ス
（誰も同時に両議院の議員となることはできない）

両院は、もともと一つの議会であるものを分けて二院としたのであって、互いに構成する要素が異なり、平衡を保つように位置づけられている。それゆえ、一人が同時に両院の議員を兼任することは、両院を分けて設置した制度が許さないところである。

解説

両院の兼職が禁止されているのはなぜか？

二院制には、二つの議院で一つの議会を構成すると考えるもの（イギリス・アメリカなど）と、完全に独立した二つの議会とするもの（ドイツ・フランスなど）とがあります。日本は前者であり、それゆえ兼職は禁止されました。現在の衆議院と参議院も同様です。

なお、両院で性格を異にした戦前には、**衆議院議員を退いた後に貴族院議員に勅任される例は見られましたが、政治家のご都合による鞍替えなどはありませんでした。**

〈日本国憲法　第48条〉
何人も、同時に両議院の議員たることはできない。

大日本帝国憲法　第36条を**継承**

立法権に対する協賛

立憲制度の大原則

第三十七条　凡《すべ》テ法律ハ帝国議会ノ協賛ヲ経ルヲ要ス

（すべての法律は、帝国議会の賛同・協力を経る必要がある）

法律は国家主権を根拠とする規範であって、必ず議会の賛同・協力を経ることを要するというのは立憲制度の大原則である。よって、議会の審議を経ないものは法律とすることができない。一方の院が可決して他方の院が否決したものもまた法律とすることができない。

（附記）どういう事柄について法律で定める必要があるのかについては、思うに、一例を挙げるだけでは要約し難《がた》い。ドイツにおいて普通法を公布した勅令には、「本法は別段の法律で定めていない国民の権利・義務を明らかにするための条規を包括している」

とある。バイエルンにおける１８１８年５月26日発布の憲法には、「人身の自由、または国民の財産に関わる普通法を廃したり、現行法を変更したり解釈し直したり廃止したりするには、国会の協同を必要とする」とある。

しかし、多くの学者は法律の範囲は権利・義務や自由財産にとどまるべきではないと反対し、具体的に法律と命令との範囲を区別しようとするのは、憲法上の実際においても、学問上の試論においても、なんらの結果も得られないと論じている。

思うに、法律および命令の範囲は、もっぱら各国の政治の発達の度合いによって決まる。そして、各国の憲法史から論断する以外にない。ただし、憲法の明文によって特に法律を要するというのが、法律の第一の範囲であり、すでに法律で定めたものは法律によらなければ変更できないというのが、法律の第二の範囲である。これは立憲各国において同じである。

解説　法律で定める必要があることは何か？

法律の実質的な制定権が、天皇の立法権の行使に協賛する議会にあることは、第５条で見たとおりです。本条は議会の協賛が「立憲の大則」（原文）であることを念押ししたものですが、伊藤博文はそこから進んで、法律で定める必要があるのは何かについて、（附記）で詳しく論じています。

日本臣民の要件（第18条）のように、憲法において法律で定めるとされているもの、これが第一です。そして第二に、法律を変更する場合は法律で定めなければなりません。

この二点を踏まえつつも、伊藤は「蓋《けだ》し法律及び命令の区域は専《もっぱ》ら各国政治発達の程度に従ふ」（原文）と述べます。議会制度が発達したイギリスなどの国では、大方を立法に委ねるのでも良いでしょう。しかし、議会が開設されたばかりの日本でそれをしてしまったら、間違った方向に導かれかねません。

第9条で行政命令について定め、内閣にフリーハンドを与えたのには、それを防ぐという意味合いがありました。伊藤は議会に大きな権限を与えましたが、議会政治の実現は将来の課題と考えていたのです。

〈日本国憲法　第41条〉

国会は、国権の最高機関であつて、国の唯一の立法機関である。

大日本帝国憲法　第37条を**変更**

議決権・法案提出権

両議院は法律の議決権と法案提出権をもつ

第三十八条　両議院ハ政府ノ提出スル法律案ヲ議決シ及各々法律案ヲ提出スルコトヲ得

（両議院は政府の提出する法律案を議決する。また、それぞれの議院が法律案を提出することができる）

政府において法律を起草し、天皇の命によって議案として両院に付したときは、両院はこれを可決・否決するか、あるいは修正することができる。もしも両院において、ある法律を発行する必要があると判断したときは、おのおの法案を提出することができる。

しかし、一方の議院が法案を提出し、もう一方の議院が同意あるいは修正のうえ可決した後、天皇の裁可があって法律として成立するというのは、政府の起案と異ならない。

至尊たる天皇は議会においては、召集・開会閉会の勅命および法律裁可のほか、全会期中にわたって国務大臣に議案その他のやり取りに当たらせる。それゆえ、これを「政府ノ提出スル」というのである。

解説 法案提出権があるのは？

本条によれば、**法案提出権は政府と各議院に認められています**。前者が内閣提出法案、後者が議員立法です。日本国憲法では明記されていませんが、第72条（内閣総理大臣による議案の提出）と第41条（国会は唯一の立法機関）を根拠に、認められるものと考えられています。

条文で、「政府ノ提出スル法律案ヲ議決シ」が「法律案ヲ提出スル」の先に書かれているのは、政府の起案に対する信頼のあらわれなのかもしれません（第40条で後述）。

現在でも、たとえば、平成26年（2014）の第186回常会（通常国会）において、成立した法律100件のうち内閣提出法案が79件を占めていたように、「政治主導」とはほど遠い状況です。

一事不再議の原則

議院の権利を守り、議会の円滑な進行を図る

第三十九条　両議院ノ一《ひとつ》ニ於テ否決《ひけつ》シタル法律案ハ同会期中ニ於テ再ヒ提出スルコトヲ得ス

（両議院の一つで否決した法律案は、同会期中に再び提出することはできない）

議案の再提出は議院の権利を損なうだけでなく、会期が引き伸ばされ、一事にとらわれて議会進行が停滞するという弊害があるものである。よって本条においてこれを禁止した。すでに否決された同一の議案を、名称や文言を変えて再び提出し、本条の規定を避けることもまた、憲法が許さないところである。

君主の裁可を得ない法案は同一会期中に議院より提出することができないというの

は、元首の大権の道理からして当然のことであって、さらに明言を加える必要もない。ただし、建議の条（次の第40条）において再建議の禁止を掲げるのは、提出議案の裁可の有無は至尊たる天皇の勅命によるのに対し、建議の採否は政府が判断するからである。天皇の勅命と政府の判断とには当然のように軽重の差がある。従って、あらかじめ疑義を晴らしておく必要があると考えて、本条に明記されたのである。

解説 「一事不再議の原則」とは？

本条で定められたルールを、「一事不再議の原則」と言います。議会の円滑な進行のためです。日本国憲法では、衆議院の再議決（いわゆる「3分の2ルール」・第59条②）との絡みで明記されていませんが、不文律と考えられています。

政府への建議

議会は立法に関わるだけではなく行政の監視役でもある

第四十条　両議院ハ法律又ハ其ノ他ノ事件ニ付各々其ノ意見ヲ政府ニ建議《けんぎ》スルコトヲ得但シ其ノ採納ヲ得サルモノハ同会期中ニ於テ再ヒ建議スルコトヲ得ス

（両議院は、法律またはその他の事件について、意見を政府に申し述べることができる。ただし、政府による採用を得られなかったものは、同会期中に再び申し述べることはできない）

本条は議院に建議の権利があることを掲げるものである。前条ですでに両議院におのおの法案提出権を与えた。そのうえ、本条で法律について意見を建議することができるというのはどういうことか。

一つは、議院自ら法律を起案して提出する方法と、もう一つは、新しい法律を制定して旧来の法律は改正・廃止すべきことを決議し、成案を用意せずにたんに意見を政府に述べて、政府に採用されたときは政府の起草・制定に任せる方法と、二つの方法について、議院にそのうちの一つを選ばせるという趣旨である。

思うに、ヨーロッパ各国の制度を参考にすると、議院自らが議案提出権をもつのは各国とも同じである（スイスを除く）。ただし、議院自ら多数に任せて法律の条項を制定するというのは、往々にして議事が引き伸ばされ、成った条文も手落ちがあって首尾一貫しないという弊害を免れられない。それよりもむしろ、熟達した政府の委員に起草を任せたほうが良い。これは、各国の学者が事情を詳しく検討し、利点と欠点を論じているところである。

議会は立法に参与するだけでなく、あわせて間接的に行政を監視する任を負うものである。それゆえ、両院は立法以外の事案についても意見を政府に建議し、利害得失を論じて明らかにすることができる。

ただし、法律その他の事案にかかわらず、政府に採用されなかった議院の意見は同一会期中に再建議できないのは、思うに、議論の紛糾や脅迫まがいの交渉を防ぐためである。

解説　政府に対する建議が規定されたのはなぜか？

大日本帝国憲法では議院内閣制は採用されていません。政府と議会はそれぞれ独立した機関でした。そこで、「間接に行政を監視する任を負ふ」議会の両院には、「立法の外の事件に付《つき》、意見を以て政府に建議し、利弊《りへい》得失を論白する」（原文）ことが認められました。日本国憲法でも、国政調査権（第62条）として引き継がれていきます。

それにしても、議院で立法しても首尾一貫しない成案しか出てこないだろうから、建議して「寧《むし》ろ政府の委員の練熟なるに倚任《いにん》するの愈《まさ》れるに若《し》かず」という伊藤博文の言葉は、なかなか辛辣《しんらつ》です。この言葉に反論できる政治家がどれほどいるでしょうか。「政治主導」を掲げてよいのは、それだけの実力を具《そな》えてからです。

帝国議会の召集

議会の存立を憲法で明確に保障

第四十一条　帝国議会ハ毎年之《これ》ヲ召集ス

（帝国議会は毎年召集する）

議会の召集はもっぱら天皇の持つ大権である。しかし、本条において毎年召集することを定めるのは、憲法において議会の存立を保障するとの趣旨である。ただし、第70条（緊急財政処分）に掲げた場合のようなものは、非常の例外である。

解説

議会の召集が明記されているのはなぜか？

国会の召集は日本国憲法第52条にも明記されていますが、なぜこんな当たり前に思えることを条文に掲げる必要があるのか、伊藤博文は「憲法に於て議会の存立を保障する所以《ゆえん》なり」（原文）と明快に説明しています。議会は開かれなければ審議できません。**この条文は、議会停止の状態に陥ることを防ぐ重要なもの**なのです。

〈日本国憲法　第52条〉
国会の常会は、毎年一回これを召集する。

大日本帝国憲法　第41条を**継承**

議会の会期と延長

議論の間延びや時間切れを防ぐ

第四十二条　帝国議会ハ三箇月ヲ以テ会期トス必要アル場合ニ於テハ勅命《ちょくめい》ヲ以テ之ヲ延長スルコトアルヘシ

（帝国議会は三か月を会期とする。必要な場合は勅命によって延長することができる）

三か月を会期とするのは、議論が間延びしたり、反対に時間切れになったりすることを防ぐためである。やむを得ない必要があるにあたって、会期を延長し、閉会を延期することは勅命による。議会自らが行うことはできない。

議会が閉会したときは、同時に会期中の事務も終わりを告げるものとし、特別の規定がある場合を除いて、議事がすでに議決したか、いまだ議決していないかを問わず、次回の会期に継続することはない。

解説 ちょうど良い「会期」とは？

現在でも、与党議員は「十分に審議を尽くした」と言い、野党議員は逆に「時間が足りない」と言うように、法案の審議にどれくらいの時間が必要と考えるかは、立場によって異なります。大日本帝国憲法では、**会期は3か月間**とされました。現行の日本国憲法下では、国会法により常会（通常国会）の会期は150日間とされています。また、「勅令」ではなく、衆参両院一致の議決による会期の延長も認められています。

臨時会の召集

臨時緊急の必要があるときに召集

第四十三条　臨時緊急ノ必要アル場合ニ於テ常会ノ外《ほか》臨時会ヲ召集スヘシ
臨時会ノ会期ヲ定ムルハ勅命ニ依ル

（臨時緊急の必要がある場合、常会のほかに臨時会を召集することができる。
臨時会の会期は勅命によって定める）

議会は一年に一度開く。これを常会という。憲法に常会の時期を掲げてはいないが、思うに、常会は毎年の予算を審議するための便宜を図るものである。それゆえ、冬季に開会するのが通例である。そのうえで、常会のほかに臨時緊急の必要があるときは、特別に勅命を発して臨時会を召集する。

臨時会の会期は憲法で限定しないが、臨時召集する勅命の定めるところに従う。また、どれくらい必要かによって決めるものである。

解説 常会の目的とは？

常会（通常国会）の目的は大日本帝国憲法にも日本国憲法にも明記されていませんが、**伊藤博文は「蓋《けだ》し常会は以て毎年の予算を議するの便を取る」（原文）と明快に説明しています。**

現行の国会法では、1月に召集することとされています。また、日本国憲法では、臨時会（臨時国会）の召集は内閣の権限ですが、いずれかの議院の総議員の四分の一以上からの要求により開くこともできます（第53条）。

〈日本国憲法　第53条〉　大日本帝国憲法　第43条を**修正**
内閣は、国会の臨時会の召集を決定することができる。いづれかの議院の総議員の四分の一以上の要求があれば、内閣は、その召集を決定しなければならない。

両院同時活動の原則

「二つの議院で一つの議会」

第四十四条　帝国議会ノ開会閉会会期ノ延長及停会ハ両院同時ニ之ヲ行フヘシ
衆議院解散ヲ命セラレタルトキハ貴族院ハ同時ニ停会セラルヘシ

（帝国議会の開会・閉会・会期の延長および停会は、両院同時に行わなければならない。

衆議院が解散を命じられたときは、貴族院は同時に停会しなければならない）

貴族院と衆議院とは、両院を合わせてはかりごとを一つとする議会である。それゆえ、一方の議院の審議を経ずに、他方の議院の議決によって法律となすことはできない。また、一方の議院の会期外に他方の議院の会議を有効とすることもできない。本条において両院は必ず同時に開会・閉会すると定めるのは、こうした意味によるものである。

貴族院の一部は世襲《せしゅう》議員によって組織する。それゆえ、貴族院は停会はできても解散はできない。衆議院が解散を命じられた際には、貴族院は同時に停会を命じられるのみである。

解説 「両院同時活動の原則」をとるのはなぜか？

貴族院と衆議院は必ず同時に開会・閉会するという、「両院同時活動の原則」について、伊藤博文は「貴族院と衆議院は両局にして一揆の議会たり」（原文）と、兼職の禁止（第36条）と同じ理由を挙げています。**二つの議院で一体となった議会だからこそ、一方の議院の会期外に他方の議院を開くことも、一方の議院のみで審議することもできないのです。**この原則は日本国憲法第54条②に受け継がれています。

〈日本国憲法　第54条〉

②衆議院が解散されたときは、参議院は、同時に閉会となる。但し、内閣は、国に緊急の必要があるときは、参議院の緊急集会を求めることができる。

大日本帝国憲法　第44条を**修正**

衆議院の解散

再召集を明記して議会の存立を保障

第四十五条　衆議院解散ヲ命セラレタルトキハ勅命ヲ以テ新《あらた》ニ議員ヲ選挙セシメ解散ノ日ヨリ五箇月以内ニ之ヲ召集スヘシ

（衆議院が解散を命じられたときは、勅命によって新たに議員を選挙させ、解散の日から五か月以内に召集しなければならない）

本条は議会に永久の保障を与えるものである。思うに、解散は旧議員の資格を解除して新議員を召集する目的のものである。しかし、もしも憲法が議院解散の後に新たに召集する時期を定めないときは、議会の存立は政府の意のままに廃止するところに任せることになってしまう。

解説

衆議院解散後の総選挙と再召集が明記されていなかったら？

伊藤博文は「本条は議会の為に永久の保障を与ふるものなり」（原文）と述べています。**解散・総選挙後の再召集の時期に制限がなければ、政府がいつまでも召集せず、議会停止に追い込むこともできてしまう**でしょう。こうした何のこともないように思える条文からも、伊藤博文の議会を重視する姿勢がうかがわれます。

なお、五か月という期間は、左記の日本国憲法の規定（第54条①）と比べると、長いように思われますが、交通・通信手段が全国に行き渡っていなかった時代ということを考えれば、妥当なものでした。むしろ、情報が瞬時にやり取りできる今こそ、選挙戦に必要な期間はどれくらいかということを、再考すべきかもしれません。

〈日本国憲法　第54条〉　大日本帝国憲法　第45条を**変更**

①衆議院が解散されたときは、解散の日から四十日以内に、衆議院議員の総選挙を行ひ、その選挙の日から三十日以内に、国会を召集しなければならない。

議会の定足数

正統性を得るために必要

第四十六条 両議院ハ各々其ノ総議員三分ノ一以上出席スルニ非《あら》サレハ議事ヲ開キ議決ヲ為スコトヲ得ス

(両議院は、それぞれ総議員の三分の一以上の出席がなければ、議事を開き議決することができない)

出席議員が三分の一に満たないときは、審議が成り立たない。よって、議事を開くこと、および議決することができないとするのである。

総議員とは選挙法で定めた議員の総数のことをいう。三分の一以上出席するのでなければ議事を開くことができないのであるから、三分の一以上が召集に応じるのでなければ議院の成立を告げることができないというのは、推して知るべきである。

解説

定足数が定められているのはなぜか？

たとえば、中世日本における自治組織である惣村《そうそん》では、合議により村の意思を決定する寄合に全構成員の参加が義務づけられていました。しかし、それは一共同体であるから可能なものであって、国の議会では実際問題として無理です。そこで、**議事・議決を有効とする正統性（正しい手続きによること）を得るため、定足数が設けられています。**

大日本帝国憲法では総議員の三分の一以上とされ、日本国憲法にも引き継がれています（第56条①）。

なお、各国の議会（下院）の定足数は、アメリカ・フランス・ドイツが過半数、イギリスは40人（分列表決〈賛成・反対の2列に分かれて議員を数える〉の場合）です。

〈日本国憲法　第56条〉　　大日本帝国憲法　第46条を**継承**

①両議院は、各々その総議員の三分の一以上の出席がなければ、議事を開き議決することができない。

議事の表決

通常は「過半数」、憲法改正の発議は例外

第四十七条　両議院ノ議事ハ過半数ヲ以テ決ス可否同数《かひどうすう》ナルトキハ議長ノ決スル所ニ依ル

(両議院の議事は過半数によって決する。可否が同数のときは議長の決するところによる)

過半数によって決を挙げるというのは、議事における通常の規則である。本条において過半数とは出席議員についていうものである。また、賛否が二分して同数となった場合にあたり、議長の判断により決をなすというのは、物の道理からして当然である。ただし、第73条における憲法改正の発議は例外とする。

また、議院において議長およびその他の委員を選挙する際に特に定められた多数の規

定は、おのおの規則によるべきものであって、本条に干渉されない。

解説 表決で可否が同数となった場合には？

議会における議事は、憲法改正（第73条）を除いて過半数で決することとされました。日本国憲法では、参議院で否決された法案を衆議院で再可決する、いわゆる「3分の2ルール」も例外とされています（第59条②）。これもまた議会の存立を保障するものでした。

可否が同数となった場合は、議長が決します（議長決裁権）。伊藤博文は「事理宜《よろ》しく然《しか》るべきなり」（原文）としか説明していませんが、議決されないまま宙吊りの状態になったら、外部からの干渉を許しかねませんから、議長が決裁する以外にないでしょう。

議長決裁は、大日本帝国憲法下では4件あり、日本国憲法にも引き継がれています。

〈日本国憲法　第56条〉　大日本帝国憲法　第47条を**継承**

②両議院の議事は、この憲法に特別の定のある場合を除いては、出席議員の過半数でこれを決し、可否同数のときは、議長の決するところによる。

会議の公開

議員に特定の利害を離れて討論させる

第四十八条　両議院ノ会議ハ公開ス但シ政府ノ要求又ハ其ノ院ノ決議ニ依リ秘密会《ひみつかい》ト為スコトヲ得

（両議院の会議は公開する。ただし、政府の要求またはその院の決議により秘密会とすることができる）

議員はもろもろの人を代表する。それゆえ、討論および表決の可否を衆目の前に公開する。ただし、議事の秘密が求められるもの、たとえば、外交事件、人事、職員・委員の選挙、ある種の財政・軍政問題、ある種の治安に係わる行政法などは、その変例として、政府の要求あるいは各院の決議により、秘密会として公開を閉じることができる。

解説 **会議は公開が原則なのはなぜか？**

議会は国民（臣民）の生活に直結する法律や予算を審議する場です。これを「衆目《しゅうもく》の前に公にす」（原文）ることで、議員は全国の衆民の代表として（第35条）、**特定の個人・地域・団体の利害を離れて討論し、また、自らの判断に責任を持つことができるでしょう。**

日本国憲法では、秘密会の規定がより厳密になっています（第57条①）。

大日本帝国憲法　第48条を**修正**

〈日本国憲法　第57条〉

①両議院の会議は、公開とする。但し、出席議員の三分の二以上の多数で議決したときは、秘密会を開くことができる。

②両議院は、各々その会議の記録を保存し、秘密会の記録の中で特に秘密を要すると認められるもの以外は、これを公表し、且つ一般に頒布しなければならない。

③出席議員の五分の一以上の要求があれば、各議員の表決は、これを会議録に記載しなければならない。

天皇に対する上奏

両議院がもつ天皇に意見を申し述べる権利

第四十九条 両議院ハ各々天皇ニ上奏《じょうそう》スルコトヲ得
(両議院はそれぞれ天皇に上書して意見を申し述べることができる)

上奏とは、文書を上程して天皇に申し述べることをいう。勅語に答え奉ること、慶賀や弔事の言葉を上表すること、意見を建白して請願を申し上げることなどは、上奏に含まれる。かくして、文書を上程するにとどまる場合も、あるいは代表に参内《さんだい》・拝謁《はいえつ》を請うて上程する場合も、相当の敬礼を用いるのが当然であり、天皇に迫り立てるような姿勢で尊厳を侵すことがあってはならないのである。

解説

天皇に対する「上奏」とは?

大日本帝国憲法では、天皇に意見を申し述べる権利(上奏権)が両議院に認められていました。これは、議院内閣制がとられなかったことによるものです。天皇は法的に責任を問われませんから(第3条参照)、象徴的な意味しか持ち得なかったはずですが、現実には、御下問の形をとった天皇の意向は影響力がありました。

議院内閣制を採用する日本国憲法には、上奏権の規定はありません。

請願の受理

臣民は行政官庁や議院にも請願できる

第五十条 両議院ハ臣民ヨリ呈出《ていしゅつ》スル請願書《せいがんしょ》ヲ受クルコトヲ得
（両議院は日本臣民から提出された請願書を受理することができる）

臣民は至尊たる天皇に請願し、あるいは行政官庁や議院に請願することは、すべて臣民の思いのままにできる。議院は各人の請願を受けて審査し、たんに政府に紹介することも、意見書を付して政府に報告を求めることもできる。ただし、議院は必ずしも請願を議定する義務はなく、政府もまた必ずしも請願を許可する義務はない。もしも請願の内容が立法に関わる場合は、請願をそのまま提出法律案の動議とすることはできないが、議員は請願の主旨を汲《く》み、通常動議の方法に従って法律案を提出することができる。

解説

両議院が請願を受理する根拠は?

第30条において、**この国の歴史・慣習に根ざす形で請願権が規定されました。**伊藤博文はそこでの説明で、君主（天皇）に対する請願権は「推広《すいこう》して議院及官衙《かんが》に呈出《ていしゅつ》するに及ぶ」（原文）と述べていました。それで、議院も請願を受理できるわけです。

受理した請願を、議院で議定するか、政府に意見書として提出するか（第40条の建議です）は、議院の判断に委ねられています。

規則制定権

議院内部の問題は議院自らが処理する

第五十一条 両議院ハ此ノ憲法及議院法ニ掲《かか》クルモノ、外《ほか》内部ノ整理ニ必要ナル諸規則ヲ定ムルコトヲ得

（両議院は、この憲法および議院法に掲げるもののほかに、内部の整理に必要な諸規則を定めることができる）

本条でいう「内部ノ整理ニ必要ナル諸規則」とは、議長の選挙・議長および事務局の職務・各部署の分設・委員の選挙・委員の事務・議事規則・議事記録・請願取り扱い規則・議員の休暇願いに関する規則・紀律、および議院会計などをいう。これらについて、憲法および議院法の範囲内で議院自ら取り決めるに任せるのである。

解説

議院に規則制定権が認められているのはなぜか？

外部の干渉を受けずに審議するには、内部の問題は自らで処理する必要があるという観点から、本条では議院に規則制定権が認められました。具体的には、伊藤博文が挙げるように、議長の選出や各部の分設などです。詳細は議院法によって定められていましたが、議院の自律権を制約するものであったため、戦後、廃止されました。

規則制定権は日本国憲法にも引き継がれています（第58条②）。

〈日本国憲法　第58条〉　大日本帝国憲法　第51条を**修正**

②両議院は、各々その会議その他の手続及び内部の規律に関する規則を定め、又、院内の秩序をみだした議員を懲罰することができる。但し、議員を除名するには、出席議員の三分の二以上の多数による議決を必要とする。

議員の免責特権

議院の権利を尊重し、議員の言論を尽くさせる

第五十二条 両議院ノ議員ハ議院ニ於テ発言シタル意見及表決ニ付院外《いんがい》ニ於テ責ヲ負フコトナシ但シ議員自ラ其ノ言論ヲ演説刊行筆記又ハ其ノ他ノ方法ヲ以テ公布シタルトキハ一般ノ法律ニ依リ処分セラルヘシ

(両議院の議員は、議院で発言した意見および表決について、院外で責任を負うことはない。ただし、議員自らが言論を演説・刊行・筆記あるいはその他の方法で公表したときは、一般の法律によって処分されるものとする)

本条は議院に言論の自由を認める。思うに、議院の内部は議院の自治に属する。よって、言論のきまりを逸脱し、徳義に反し、個人の私事を誹謗中傷《ひぼうちゅうしょう》するような行為は、議院の紀律によって議院自らが制止し、さらには懲戒すべきものであって、司法官はこれに干渉すべきではない。議決は法律の成案をなすものであって、議員の討論は賛成・反対の意見を戦わせて一つの結論を得るための資料とするものである。よって、議院における審議については刑事・民事の責任を負うべきではない。これは、一つめには議院の権利を尊重し、二つめには議員の言論を十分に尽くさせるものである。ただし、議員自らが議院における言論を公表し、議員に認められた自由を悪用して外部に広めるに至っては、賛成・反対の議論を問わず、問責を免れることはできない。

解説 議員の「免責特権」とは？

本条は、議院における発言や表決について法的な責任を問われないという、議員の「免責特権」について定めています。**議院内での言論の自由を保障したものです。**

しかし、法的な責任を問われないためには、他人に対する誹謗中傷の発言などに対して厳しく律する必要があるでしょう。それでこそ議院の自律は保たれます。それで、伊藤博文も、「議院の紀律に拠《よ》り議院自ら之を制止し及懲戒すべき所にして、而《しか》して司法官は之に干渉せざるべきなり」（原文）と述べているのです。

この「免責特権」は、日本国憲法でも認められています（第51条）。

〈日本国憲法　第51条〉　大日本帝国憲法　第52条を**継承**

両議院の議員は、議院で行つた演説、討論又は表決について、院外で責任を問はれない。

不逮捕特権

「立法の大事」のため、議員に与えられた不逮捕特権

第五十三条　両議院ノ議員ハ現行犯罪又ハ内乱外患《ないらんがいかん》ニ関ル罪ヲ除ク外会期中其ノ院ノ許諾ナクシテ逮捕セラル、コトナシ

（両議院の議員は、現行犯または内乱外患にかかわる罪を除いて、会期中に所属する院の許諾なく逮捕されることはない）

両院は立法の大事にあずかっている。それゆえ、会期の間は議員に例外の特権を与え、他から束縛されない独立の体面を保ち、重要な職務を尽くすことができるようにする。とはいえ、現行犯や内乱外患に係わる罪については、議院の特典によって守られるところではない。「会期中」とは召集後から閉会前までをいう。現行犯でないもの、

および一般の犯罪は議院に通知し、その許諾を得てから逮捕する。一方、現行犯および内乱外患に係わる犯罪は逮捕してから議院に通知すべきである。

解説 不逮捕特権が認められた歴史的経緯とは？

本条は、議員は会期中に現行犯の場合と議院の許諾がある場合を除いて逮捕されないとする、不逮捕特権についての規定です。

このような特権が認められたのには、**絶対王政下の中世ヨーロッパにおいて、君主が反対派を逮捕して議会から追放しようとしたという歴史的経緯があります。**たとえば、イギリスのピューリタン（清教徒）革命（1642〜49）も、チャールズ1世が兵を率いて5人の議員を逮捕しようとしたことから始まりました。

なお、条文では「内乱外患ニ関ル罪ヲ除ク」とありますが、内乱罪・外患罪で逮捕された例はありません。日本国憲法では、会期前に逮捕された議員も議院の要求により会期中は釈放されるとする内容も付け加えられています（第50条）。

〈日本国憲法　第50条〉

大日本帝国憲法　第53条を**修正**

両議院の議員は、法律の定める場合を除いては、国会の会期中逮捕されず、会期前に逮捕された議員は、その議院の要求があれば、会期中にこれを釈放しなければならない。

議院出席権・発言権

議会での大臣の説明は重要な責務

第五十四条　国務大臣及政府委員ハ何時タリトモ各議院ニ出席シ及発言スルコトヲ得

（国務大臣と政府委員は、いつでも各議院に出席して発言することができる）

議会の議事にあたって議場において弁明するのは大臣の重要な任であって、多数の人に向かって胸襟《きょうきん》を開き、正しい道理を公議に訴え、良きはかりごとを時論に求め、心の底までたたき尽くして、誰にも心残りがないようにする。もしもこのようでなければ、立憲主義の効用をものにしたとは言えない。ただし、出席および発言の権利は政府の自由に任せ、ある場合は大臣自ら討論・弁明し、ある場合は他の委員に討論・

弁明させ、ある場合は適当な時期ではないという理由で討論・弁明しないということも可能である。すべて政府の意のままである。

解説　大臣が議院に出席・発言することの意味とは？

議会には間接的に行政を監視する役割がありました（第40条参照）。また、内閣が提出した予算や法案を審議しなければなりません。そうした場で説明するのは**大臣の責務**です。「蓋《けだ》し此《かく》の如くならざれば以て立憲の効用を収むるに足らざるなり」（原文）という文言からは、伊藤博文の〈立憲政治〉に対する思いが伝わってきます。

なお、日本国憲法では、議院の求めがあった場合の出席義務も付け加えられています（第63条）。

〈日本国憲法　第63条〉　大日本帝国憲法　第54条を**継承**

内閣総理大臣その他の国務大臣は、両議院の一に議席を有すると有しないとにかかわらず、何時でも議案について発言するため議院に出席することができる。又、答弁又は説明のため出席を求められたときは、出席しなければならない。

第4章

国務大臣及枢密顧問

本章の序

国務大臣も枢密顧問も天皇にとって最高の補佐となるべき存在

国務大臣は天皇を補佐する任にあり、詔命を承って政務を行う。また、枢密顧問は重要国務に関する天皇からの意見の求めに応え、政治機密を議論し意見を述べる。ともに天皇の最高の補佐たるものである。

解説

大日本帝国憲法に「内閣」の語はなかった

大日本帝国憲法は、議会に対しては22カ条にわたって規定し、手厚く権限を認めたのに対し、内閣に関しては本章の第55条の1カ条しかありません（別に内閣官制が定められました）。それは、憲法上の制約を少なくして**内閣にフリーハンドを与える一方で、内閣の存立が憲法で保障されないという「両刃の剣」**でもありました。

じつは、大日本帝国憲法では「内閣」の語が用いられていません。それは、意思統一された内閣を中心に政治を行うべきだと考えた伊藤博文が、天皇をあくまでも能動的君主と位置づける井上毅《こわし》に折れて妥協したものと考えられます。しかし、「内閣」そのものの規定がないことで、軍部や枢密院から政治的干渉を受けることにもなりました。

国務大臣の輔弼と責任

天皇に対して責任を負う

第五十五条　国務各大臣ハ天皇ヲ輔弼《ほひつ》シ其ノ責ニ任ス
凡《すべ》テ法律勅令其ノ他国務ニ関ル詔勅《しょうちょく》ハ国務大臣ノ副署ヲ要ス

（国務大臣はそれぞれ天皇を助け、その責任を負う。すべての法律・勅令・その他国務に関する詔勅は、国務大臣の副署を必要とする）

国務大臣は、入っては内閣に参与し、出ては各省の事務にあたって、大政の責任を負う者である。およそ大政の施行は必ず内閣および各省により、その門を二つにしない。思うに、立憲主義の目的は主権を行使するのに正当な軌道に乗せることである。

それはすなわち、公議の機関と大臣の補佐によるということである。それゆえ、大臣は君主に対して、良き道を奨《すす》め、悪しき道に着かぬよう努めて力を尽くして、もしも道を誤ったときは、君命であることを口実にして責任を逃れることはできない。

我が国の上古においては、大臣《おおおみ》・大連《おおむらじ》が補佐の任にあった。孝徳天皇の詔《みことのり》に、「そもそも天地の間に君主として立ち、万民をつかさどる者は、一人では治めることができない。臣下の補佐が必ず要る」とある。天智天皇の治世に初めて太政官が置かれた。それ以来、太政大臣と左右大臣が政務を統括し、大納言は会議に参じて意見を述べ、中務《なかつかさ》卿（長官）は詔勅を精査し、太政官は中務・式部《しきぶ》・治部《じぶ》・民部《みんぶ》・兵部《ひょうぶ》・刑部《ぎょうぶ》・大蔵《おおくら》・宮内《くない》の8省を取りまとめて、官制がほぼ備わった。

その後、重臣がもっぱら関白として政務にあずかり、宮中では小臣の分際の蔵人《くろうど》が天皇の命を出納し、院宣《いんぜん》（上皇の命令）・内旨《ないじ》（朝廷からの内々の沙汰）あるいは女官の文書で政務の大事を行うようになった。かくして朝廷の綱紀は全くもって廃れた。

明治維新の初めに、摂政・関白・および伝奏《てんそう》・議奏《ぎそう》（ともに、天皇の勅命を伝えるとともに、天皇に上奏を行う職）を廃止し、特に宮中に命じて内議・請願を厳しく禁じ、ついで太政官制を復活させた。明治2年7月、左右大臣・参議および6省を置く。

明治4年、太政大臣を置く。明治6年10月、参議が諸省の卿（長官）を兼任する。その後も改革を経て、明治18年12月に至って太政大臣・参議・各省卿を廃止して、内閣総理大臣および外務・内務・大蔵・陸軍・海軍・司法・文部・農商務・逓信《ていしん》の10大臣で内閣を組織した。

思うに、上古の大宝令の制度によったときは、太政官が諸省の上に立ち、諸省はその下に分かれた役所という位置づけだった。諸省の卿（長官）は太政官符のとおり職務を行うにすぎず、天皇に拝命を受けて重責に任じる者ではなかった。維新の後、たびたびの変更を経て、明治18年の詔に至って大いに内閣の組織を改め、諸省大臣は天皇にお向かいして各々その責に当たらせ、内閣総理大臣がこれを統括することとした。これにより、一つには各大臣の職権を重くして管轄を明確にするとともに、二つには内閣の統一を保って多岐に分裂する弊害をなくした。

ヨーロッパの学者が大臣の責任を論じた説は一様でなく、各国の制度もまた趣きを異にする。ある国では、政治責任を糾弾《きゅうだん》する法を特別に設けて、下院が告訴して上院が裁く（イギリス）。ある国では、大審院（最高裁）または特別に設置した政事法院に裁断権を委ねる（ベルギーでは下院が告訴して大審院が裁く。オーストリアでは両院が告訴して特設の政事法院が主として政事に関わる罪を裁き、あわせて刑事罪も裁く。ドイツでは憲法に正文があるが、糾弾断罪の別法がいまだないので実行されていない）。

ある国では政治責任と刑事責任とを分離し、判決の結果は罷免《ひめん》にとどまる（アメリカおよびドイツのバイエルン１８４８年法）。ある国では謀反《むほん》・贈賄《ぞうわい》・濫費《らんぴ》および憲法違反などを指定し、特に大臣の責任とする（アメリカ・ドイツ・ポルトガルおよびフランス１７９１年・１８１４年の憲法。ベルギーの国会は大臣責任罪という罪名を指定する非を論じている）。

ある国では君主に対する責任とし（オランダのある宰相は、自分は君主に対して責任があっても人民に対して責任はないと主張している）、ある国では人民すなわち議院に対する責任とする（フランス・ベルギー・ポルトガルなどの憲法は、国王の命令は大臣の責任糾弾を解除することができないと掲げている）。

まとめると、大臣の責任の問題ほど、憲法上の疑義で一定の結論を得ていないものは他にない。

思うに、正しい道理に基づき、事情を踏まえて考えるに、大臣は憲法によって天皇を補佐するという重責にあたり、行政上の強大な権限を握り、良き道を奨める職にあるというだけでなく、悪しき道に着かぬよう矯正する任にもある。身をもって責任を負わなければならない。もしも大臣に責任を負う義理がなければ、行政権力は容易に法律を逸脱し、法律は空文に帰してしまうだろう。それゆえ、大臣の責任は憲法および法律の支柱である。

ただし、大臣の責任は管轄する政務に属するのであって、刑事責任ではない。それゆえ、大臣が職務を誤ったときには、その責任を裁くのはもっぱら一国の主権者以外にはいない。任免した者だけが罷免することができる。大臣を任じ、またこれを罷免し懲罰することは、君主でなくしてだれもこれにあずかることはできない。憲法はまさに大臣の任免を君主の大権としている。大臣の責任の制裁が議院に属さないのはそもそも当然の結果である。

ただし、議員は質問によって公衆の前に大臣の答弁を求めることができ、議院は天皇に奏上して意見を述べることができる。かくして、天皇が自らの能力を発揮することは憲法上では意のままとされているが、人々の思いの向かうところは一つも漏らさないと考えれば、議院は間接的に大臣の責任を問うことができるとも言えるだろう。

よって、我が憲法は以上の結論をとる。

1、大臣は固有の職務に関する補佐の責に任じるのであって、君主に代わって責に任じるのではない。

2、大臣は君主に対して直接に責任を負い、また人民に対して間接に責任を負う。

3、大臣の責任を裁くのは君主であって人民ではない。なぜならば君主が国家の主権をもつからである。

4、大臣の責任は政務上の責任であって、刑事および民事の責任とは関係しないし、関係することで責任が重くなることもない。また、刑事・民事の訴訟は通常の裁判所に付し、行政訴訟は行政裁判所に付すことを除いて、職務の責任は君主によって懲罰の処分に付せられるべきものである。

内閣総理大臣は重要政務について天皇に意見を申し述べ、天皇の意向を承《う》けて大政の方向を指示して、各省をすべて統括・監督する。職務はもちろん広く、責任もしたがって重い。各省大臣は、主に任じられた事務について個別に責任を負う者であって、連帯責任はない。思うに、総理大臣・各省大臣は等しく天皇が選任するのであって、各大臣の進退はひとえに天皇の叡慮《えいりょ》により、それを首相が決めることはできず、各大臣もまた首相に従属しているわけではないからである。

ある国では、内閣を一体の団結したものであり、大臣は各個の資格で政治に参与するのではないと考え、連帯責任の方向に偏っているが、それは党派の団結の力によって天皇の大権を左右するに至るおそれがある。これは我が憲法が採用するところではない。

ところで、国家の内外の大事にあたっては、政府の全部局に関係し、各省が専任するところではない。かくして、はかりごとや措置は必ず各大臣の協同により、責任を押しつけあうことはできない。大事の時に各大臣を挙げて全体責任の位置を取らなければならないのは、大臣としての元来の本分である。

大臣の副署には次の二つの効力がある。一つめに、法律・勅令およびその他の国事に係わる詔勅は、大臣の副署によって初めて実施すべき効力を得る。大臣の副署がないものはしたがって詔命の効力はなく、外に向かって宣下《せんげ》しても担当の官吏がそれを実行することはできない。二つめに、大臣の副書は大臣が担当する権利と責任の義理を表示するものである。思うに、国務大臣は国の内外を貫流して天皇の命を伝える水路である。かくして、副署によってその役割が明確になる。

ただし、大臣の政事に関する責任は法律のみで論じることはできない。また必ず道義が関わるところである。法律の範囲内というだけでは、大臣の進退を決める唯一の判断材料とするのには足りない。それゆえ、朝廷（政府）の失政については署名した大臣がその責任を逃れられないのは当然のこと、審議に預かった大臣は署名していなくともその過ちの責任を負わなければならない。もしもっぱら署名の有無で責任の所在を判別しようというのなら、形式にとらわれて実情をねじ曲げる者であることを免れない。よって、副書は大臣の責任を表示しうるが、副署によって初めて責任が生じるわけではないのである。

大宝の公式令によると、詔書案ができあがり、天皇が日付の一文字をお書き入れなさって（御画日《ぎょかくにち》）から中務卿《なかつかさ》（長官）にお渡しになる。日付のお書き入れがあるものは中務省に留めて下書きとし、別に一通を書き写し、「中務卿（長官）宣・中務大輔《たいふ》（次官）奉・中務少輔《しょう》（次官）行」と書き記して、太政官に送る。太政官において太政大臣・左右大臣および大納言の四名が署名して天皇にお返し申し上げて、外に向かって施行されることを求める。そうして、天皇が「可」の一文字をお書き入れなさって（御画可《ぎょかくか》）、それを太政官に留めて下書きとし、さらに書き写したものを天下に布告する。思うに、審査と署名の形式には理にかなった慎重を加えたのである。

維新の後、明治4年7月、証書に副署し捺印することが太政大臣の任となる。ただし、宣布された詔の多くは奉勅《ほうちょく》の署名がなく、草創の時期には形式が一定していなかった。明治14年11月、各省卿（長官）が主管する事務に属する法律・規則および布達に署名する制度が定まる。明治19年1月、副署の形式が定まる。公文を施行する方法がここに至って大いに備わった。

解説　天皇を輔弼する大臣の「責任」とは？

内閣制度は憲法発布に先だって明治18年（1885）、従来の太政官制に代わって発足しました。初代内閣総理大臣は伊藤博文その人です。

各大臣は詔勅に副署することで天皇に対して政治的な責任を負います。議院内閣制ではないので、議会に対して直接責任を負うことはありません。しかし、政務は臣民（国民）の生活に直結するものであり、大臣は議会で説明する必要があります（第54条参照）。こうして、**大臣は間接的に臣民に対して責任を負いました。**

以上のように各大臣の責任については理路整然と説明する伊藤博文ですが、内閣総理大臣になると途端に歯切れが悪くなります。総理大臣の役割は、「以て内閣の統一を保ち、多岐分裂の弊《へい》無からしめ」（原文）ることです。内外の大事にあたっては、総理大臣を中心に各大臣が協力し、「全体責任の位置を取らざるべからざるは固《もと》より其の本分なり」とも言います。しかし、**憲法に「内閣」の規定がない以上、総理大臣の位置づけも明確にはできません。**

じつは、内閣制度創設時に制定された「内閣職権」では、「内閣総理大臣ハ各大臣ノ首班トシテ機務ヲ奏宣シ旨ヲ承テ大政ノ方向ヲ指示シ行政各部ヲ統監ス」（第1条）となっていたところから、憲法発布に合わせて制定された「内閣官制」では「大政ノ方向ヲ指示シ」という文言が削られました。つまり、削られた分だけ各大臣を統制して政治の方向を決定する権限が弱められたのです。各大臣を任命する（従わなければ罷免できる）日本国憲法下の総理大臣の権限と比較すれば、その弱さは明らかでしょう。

これも、天皇を能動的君主と位置づけ、総理大臣の権限強化を嫌った井上毅との妥協によると考えられます。そして、総理大臣のリーダーシップが明確でないがゆえに、軍部大臣現役武官制などを通じて軍部の政治的干渉を許すことになったのです。

〈日本国憲法　第66条〉

③内閣は、行政権の行使について、国会に対し連帯して責任を負ふ。

大日本帝国憲法　第55条を**変更**

枢密顧問の設置

天皇の問合せに対して重要政務を審議

第五十六条　枢密顧問《すうみつこもん》ハ枢密院官制ノ定ムル所ニ依リ天皇ノ諮詢《しじゅん》ニ応ヘ重要ノ国務ヲ審議ス

（枢密顧問は、枢密院官制の定めるところに従い、天皇からの意見の求めに応え、重要国務を審議する）

恭《つつし》んで考えるに、天皇はまさに内閣の補佐により行政上の重要な政務を統括し、また、枢密顧問を設けてはかりごとの意見を求める府として、聡明さを補い意見が偏らないよう期した。

思うに、内閣・大臣は内外の時局にあたり、敏捷《びんしょう》に時機に応じる。一方で、心にゆとりをもって思慮をめぐらし、古今の歴史を踏まえて考え、学理と照らし合わせ、恒久的な計画の作成に従事するには、別に専門の局を設け、熟達して学識のある人物に任せないわけにはいかない。これはとりもなおさず他の人事と同じく、一般の原則に従って、二種類の職務を国務大臣と枢密顧問とで分担したのである。

思うに、君主は天職を行うにあたって、はかりごとをしてから決断する。すなわち、枢密顧問の設置は、内閣とともに憲法上の至高の補佐とならないはずがない。もしも枢密顧問が天皇のお問い合わせに対して意見を申し述べ、不偏不党の立場で疑問を解決して補い助けることができれば、憲法上の機関として背《そむ》くことはない。

大事では緊急命令や戒厳令の発布にあたって、小事では会計上で法規外に臨時処分の必要があるなどの類について、枢密顧問に諮詢《しじゅん》した後に決行するのは、為政に慎重さを加えるためであって、この場合、枢密顧問は憲法と法律の後ろ盾の役目を務める。

枢密顧問の職務はこのように重いのである。それゆえ、勅令で顧問の審議を経るものは上諭として宣言するのを通例の形式とする。ただし、枢密顧問は至尊たる天皇の諮詢を待って初めて審議することができる。かくして、その意見の採択もひとえに至尊たる天皇のご決裁による。

枢密顧問が守るべき職分は、可否を天皇に申し述べるにあたって、必ず忠誠をもって隠しだてをしないということであって、審議の内容は大小を問わず至尊たる天皇の特別の許可がなければ公に発表してはならない。思うに、国家機密に務める府（枢密院）は、人臣が外に向かって名誉を求める場所ではない。

解説 枢密院の役割とは？

枢密院は、天皇の諮詢に応えて重要政務を審議する機関です。明治21年（1888）に憲法草案の審議のために置かれ、憲法発布後も条約の批准《ひじゅん》や緊急勅令などが諮《はか》られました。

伊藤博文は、内閣の大臣が内外の時局に機敏に応じる必要があるのに対して、歴史や学理を踏まえて恒久的な計画の作成に従事する専門の別局を設けたと説明しています。大臣と枢密顧問とで役割を分担するということです。もちろん大臣も枢密院のメンバーに加わりました。しかし、時に内閣と意見が相違したことも事実です。

伊藤はまた、井上毅に対して書簡で、内閣と議会が対立した場合、天皇に裁断を求めるために諮問機関が必要だと説明しています。天皇に〈立憲君主〉としての振る舞い（第4条参照）を求めた伊藤も、仲裁役としてのお出ましを想定していました（実際に初期議会では詔《しょう》勅《ちょく》が利用されます）。その意味で、枢密院もまた伊藤と井上の妥協の産物でした。

第5章　司法

本章の序

司法権の独立は立憲国家にとって大いなる進歩

司法権は法律の定めるところに依拠して、正理公道をもって臣民の権利の侵害を回復し、また刑罰を判断する役目を果たす。古《いにしえ》に政治制度が簡素であった時代には、各国の政庁の設置にいまだ司法・行政の区別がなかったことは、史実が証明している。その後、文化がますます進み、社会生活上の出来事が複雑になってきたので、初めて司法と行政の間で担当の職務を分割し、組織の構成や制度を別にして、越権《えっけん》を慎《つつし》み、互いに干渉しないようにした。こうして立憲の政体に大いなる進歩をなしたのである。

解説

行政権から分離した司法権

モンテスキューの『法の精神』に先駆け、最初に権力分立を説いた17世紀イギリスの思想家ロックは、統治権を立法・行政（執行）・外交（連合）の三権に分け、君主の握る行政・外交権は議会の承認を要する立法権に従属すると主張しました。この段階では、司法権は行政権に属するものと考えられていたのです。

しかし、**文化・社会の進歩にともなって、裁判は専門の法律家によって公正中立に行われる必要が生じました。**こうして成立した〈司法権の独立〉について、伊藤博文が正しく理解していたことを、以下に見る本章の解説は示しています。

司法権

裁判は必ず法律によらなければならない

第五十七条　司法権ハ天皇ノ名ニ於テ法律ニ依リ裁判所之《これ》ヲ行フ
裁判所ノ構成ハ法律ヲ以テ之ヲ定ム
（司法権は、天皇の名において、法律に依拠して裁判所が行使する。裁判所の構成は法律で定める）

行政権と司法権の区別を明確にするために、要点を説明したい。行政は、法律を執行したり、公共の安寧秩序《あんねいちつじょ》を保持して人民の幸福を増幅したりするために、経理・処分を行うものである。司法は、権利の侵害に対して法律の基準によって判断するものである。司法はもっぱら法律に従属し、利益は考慮に入れない。行政は社会の活動に伴う便益と必要に依拠し、法律は行政の範囲を限定して区域外にはみ出すのを防ぐにとどまる。

行政・司法の両権力はこのように性質が異なる。それゆえ、行政官だけがあって司法の職を分けることがなければ、各人の権利は社会の便益のために随時変更されることを免れず、その弊害は行政権力が人民の権利を侵犯するに至るであろう。

だとすれば、裁判は必ず法律によらなければならない。法律は裁判の唯一の判断基準である。かくしてまた、裁判は必ず裁判所で行う。ただし、君主は正しい道理の源であり、司法権もまた君主の主権から発せられる光線の一つにほかならない。それゆえ、裁判は必ず天皇の名において宣告し、それにより至尊たる天皇の大権を代表するのである。

裁判所の構成は必ず法律で定め、行政の組織と別個のものとする。かくして、司法官は疑いなく法律の土台の上に立ち、他に束縛されない独立の地位を保てるのである。

我が国における中古の制は、刑部省《ぎょうぶ》は他の省とともに太政官に隷属《れいぞく》する形で設置され、『令義解《りょうのぎげ》』（養老令の公式注釈書）によれば「罪人を取り調べ、刑罰を定め、疑いのある判決を調べ直して再判決するとともに、良民・賤民の戸籍や囚人の投獄、負債の問題などをつかさどる」とされる。判事は刑部卿（長官）の配下にあり、「罪人の取り調べ状を検討し、刑罰を決定するとともに、もろもろの争訟に判断を下すことをつかさどる」。民事・刑事の二つを一つに統括していたのである。
　武門が力を増して政権が移ると、刑事裁判権は検非違使《けびいし》が管轄し、民事は武断的に処せられるようになり、封建時代はおおむねその旧習を因襲して、再審請求は厳禁とされるに至った。

維新の初め、刑法官を設置し、司法権はふたたび天皇の総攬《そうらん》に帰した。明治4年に初めて東京裁判所を置いた。裁判のために専門の官庁を設けたのはこれが始まりである。このとき、大蔵省の訴訟受理の事務は司法省に移管された。明治5年に東京築地の外国人居留地に東京開市場裁判所を置いた。ついで、司法裁判・府県裁判・区裁判という各等級の裁判を置き、初めて控訴と反復審理を認めた。明治8年に大審院（最高裁）を置いて憲法の統一を守る機関とし、司法卿（長官）の職制を定めて、検察事務を統括して裁判には干渉しないこととした。以降も次第に改革が進み、裁判の独立を期する方針をとった。これが司法事務沿革の概略である。

ヨーロッパで前世紀末に普及した三権分立の説は、すでに学理上および実際上において排斥されている。かくして、司法権は行政権の一分派として等しく君主の総攬するところに属し、立法権に対して言う場合は、行政権は司法権を概括した意味をもち、司法は行政の一部であるのにすぎない。さらに、行政権の中で職務の分割を論じる場合は、司法と行政はそれぞれその一部を占めるものということになる。思うに、これは最近の国法学者が一般的に是認するところで、ここに詳論するまでもない。

ただし、君主は裁判官を任命し、裁判所は君主の名において裁判を宣告するが、君主が自ら裁判を行うのではなく、独立した裁判所がもっぱら法律に依拠して行政権力の範囲外で裁判を行う。これを司法権の独立という。三権分立の説によるのではなく、天皇の大権という不易の原則によるものであるということは間違いない。

解説 「天皇ノ名ニ於テ」裁判するとは？

司法は権利の侵害に対して法律を唯一の基準として判断します。行政官と司法官が分かれていなかったら、各人の権利は行政によって社会の便益のためにコロコロと変更されてしまうでしょう。だからこそ、**司法の組織は行政から独立していなければなりません**。伊藤博文は結びの部分で、「不羈《ふき》（束縛されないこと）の裁判所をして専《もっぱ》ら法律に依遵し行政威権の外に之を施行せしむ」（原文）と、〈司法権の独立〉の意味を明確に述べています。

ですから、「天皇ノ名ニ於テ」裁判を行うといっても、それは「主権の体」（第４条参照）の話です。「主権の用」は裁判所に委ねられています。大日本帝国憲法下でも、裁判官が「良心」にのみ従って判断を下すことに、変わりはなかったのです。

大日本帝国憲法　第57条を**変更**

〈日本国憲法　第76条〉

③すべて裁判官は、その良心に従ひ独立してその職権を行ひ、この憲法及び法律にのみ拘束される。

裁判官の要件

裁判官は権力から干渉されず、誰からも制約を受けない

第五十八条　裁判官ハ法律ニ定メタル資格ヲ具《そな》フル者ヲ以テ之ニ任ス
裁判官ハ刑法ノ宣告又ハ懲戒ノ処分ニ由ルノ外《ほか》其ノ職ヲ免セラル、コトナシ
懲戒ノ条規ハ法律ヲ以テ之ヲ定ム

（裁判官は法律に定めた資格を有する者を任じる。
裁判官は、刑法の宣告または懲戒の処分によるほかに、免職されることはない。
懲戒の条規は法律で定める）

裁判官は、法律を守る役割を果たし、人民の上に公平を保とうとする者である。それゆえ、専門の学識および経験は裁判官の要件である。かくして、臣民が信頼して権利財産を託すのには、法律上の正当な資格があることを頼みにしないわけにはいかない。よって、本条第1項は法律でその資格を定めるべきことを明記して保障している。

裁判の公正を保とうとするならば、裁判官が権威権力から干渉されず、何者にも制約されない位置に立ち、権勢と地位のある者の利害や政治論議の盛り上がり具合に牽制・束縛されないようにしなければならない。それゆえ、裁判官は刑法または懲戒裁判の判決によって罷免《ひめん》される場合を除いて、終身その職にあることとする。かくして、裁判官の懲戒条規はまた法律で定め、裁判所の判決によって懲戒を行い、行政長官に干渉されない。これは憲法において特に裁判官の独立を明記して保障するものである。

その他、停職・免職・転任・老退に関する詳細は、すべて法律に掲げられる。

解説 **裁判官の身分が保障されるのはなぜか?**

行政権力からの干渉・圧力を受けず、公正中立に判断を下すには、裁判官の身分は行政権力によって奪われないと保障されている必要があります。そこで、本条では、裁判官は刑法の宣告か懲戒処分による以外に免職されないと定められました。
この「裁判官の独立」の趣旨は、日本国憲法にも引き継がれています（第78条）。

〈日本国憲法　第78条〉　大日本帝国憲法　第58条を**変更**

裁判官は、裁判により、心身の故障のために職務を執ることができないと決定された場合を除いては、公の弾劾によらなければ罷免されない。裁判官の懲戒処分は、行政機関がこれを行ふことはできない。

裁判の公開

公明正大な判決を下すための裁判の公開

第五十九条　裁判ノ対審《たいしん》判決ハ之ヲ公開ス但シ安寧秩序《あんねいちつじょ》又ハ風俗ヲ害スルノ虞《おそれ》アルトキハ法律ニ依リ又ハ裁判所ノ決議ヲ以テ対審ノ公開ヲ停ムルコトヲ得

（裁判の対審と判決は公開する。ただし、安寧秩序や風俗を害するおそれがあるときは、法律によって、あるいは裁判所の決議によって対審の公開を停止することができる）

裁判を公開し、公衆の前で原告と被告とが向かい合って口頭で審議するのは、人民の権利に対して最も効力のある保障のしかたである。裁判官が自らその義務を重んじて、正理公道の代表者であるようにさせるには、思うに、公開の力に頼るところが少なくない。我が国では従来、非公開の白洲《しらす》裁判の慣習が長く行われてきたが、明治8年以来初めて対審・判決の公開を許可したのは、実に司法上の一大進歩である。

刑事事件の審理には予審と対審がある。本条で「対審」という場合、予審はその中に含まれない。「安寧秩序」を「害スル」とは、内乱や外患に関する罪、および民衆をそそのかすなどして人心を煽《あお》りたてることをいう。「風俗」を「害スル」とは、私的なことを公衆の視聴にさらして、醜聞を流して風評を傷つけることをいう。「安寧秩序又ハ風俗ヲ害スルノ虞《おそれ》アリ」というが、害があるかないかを判断するのはもっぱら裁判所の所見による。「法律ニ依リ」というのは、治罪法・訴訟法（合わせて現行の刑事訴訟法）の明文によるということである。「裁判所ノ決議ヲ以テ」というのは、法律の明文はないが、裁判所の議論により決めることができるということである。「対審ノ公開ヲ停ムル」場合も、判決の宣告は必ず公開する。

解説

裁判は公開が原則なのはなぜか？

裁判官が道理に従って公明正大に判決を下すには、間違いを犯さぬよう審理の経過が衆人の目にさらされていることが肝心です。伊藤博文も「人民の権利に対し尤《もっとも》効力あるの保障なり」

（原文）と、裁判の公開の効果を認めています。

なお、戦前には、裁判官が検察などの提出する証拠をもとに起訴の当否を判断する予審（予備審問）が、当事者どうしが主張を述べ合う対審（対理口審）の前に行われていました。公開が原則とされたのは対審のほうで、予審は非公開でした。

日本国憲法では、裁判を非公開にできる場合が厳密に規定されています（第82条②）。

〈日本国憲法　第82条〉　大日本帝国憲法　第59条を**修正**

①裁判の対審及び判決は、公開法廷でこれを行ふ。

②裁判所が、裁判官の全員一致で、公の秩序又は善良の風俗を害する虞があると決した場合には、対審は、公開しないでこれを行ふことができる。但し、政治犯罪、出版に関する犯罪又はこの憲法第三章で保障する国民の権利が問題となつてゐる事件の対審は、常にこれを公開しなければならない。

特別裁判所

行政が司法権を侵害することを憲法は認めない

第六十条 特別裁判所ノ管轄ニ属スヘキモノハ別ニ法律ヲ以テ之ヲ定ム
（特別裁判所の管轄に属すものは、別に法律で定める）

陸海軍人が軍法会議に属するというのは、通常の司法裁判所の管轄外の、本条で言う「特別裁判所ノ管轄ニ属ス」ものに該当する。その他、商工業のために商工裁判所を設ける必要があるならば、これもまた通常の民事裁判の管轄外の、特別裁判所の管轄に属することになる。これらはみな法律で規定しなければならず、行政命令で法律の例外を設けることはできない。

法律の範囲外に通常ではない裁判を設け、行政の勢威によって司法権を侵害し、人民から司直の府を奪い取るようなことは、憲法が認めないところである。

解説　特別裁判所とは何か？

特別裁判所とは、司法裁判所の系列外に設置される、特定の身分（皇族・軍人）や特定の事件（行政事件）について裁判を行う裁判所のことです。大日本帝国憲法下では、皇室裁判所・軍法会議・行政裁判所（第61条で後述）が置かれました。伊藤博文が例として挙げている「商工裁判所」は設置されていません。

〈司法権の独立〉を守るため、伊藤は「命令を以て法律の除外例を設くることを得ず」（原文）と明言しています。

日本国憲法では、特別裁判所の設置は禁止されています（第76条）

〈日本国憲法　第76条〉　大日本帝国憲法　第60条を**変更**

②特別裁判所は、これを設置することができない。行政機関は、終審として裁判を行ふことができない。

行政裁判所

司法権の独立と同じように、行政権の独立も必要

第六十一条　行政官庁ノ違法処分ニ由リ権利ヲ傷害セラレタリトスルノ訴訟ニシテ別ニ法律ヲ以テ定メタル行政裁判所ノ裁判ニ属スヘキモノハ司法裁判所ニ於テ受理スル限ニ在ラス

（行政官庁の違法処分によって権利を侵害されたとする訴訟で、別に法律で定めた行政裁判所の裁判に属すべきものは、司法裁判所で受理しない）

行政裁判とは、行政処分に対する訴訟を裁判することである。思うに、法律がすでに臣民の権利に対して一定の枠組みを設け、確固たるものとしている。かくして

政府の機関もまた法律に従わないわけにはいかない。それゆえ、行政官庁の職務上の処置において、法律に違反し、または職権を逸脱し、臣民の権利を侵害することがあった場合は、行政裁判所の判断を受けることを免れない。

そもそも、訴訟を判決するのは司法裁判所の職務である。それなのに別に行政裁判所があるのはなぜか。司法裁判所は民法上の訴訟を裁くことがしかるべき職務であって、憲法および法律で委任された行政官の処分を取り消す権力はもっていない。なぜならば、司法権の独立が必要なように、行政権もまた司法権に対して同じく独立していなければならないからである。

もしも行政官の処置が司法権の監督を受け、裁判所に行政の当否を判定する任を与えたならば、とりもなおさず、行政官はまさに司法官に隷属《れいぞく》する者であることを免れない。かくして社会の便益と人民の幸福に対して計らいをする余地がなくなってしまう。行政官の措置はその職務により憲法上の責任があり、したがって、その措置に対して抵抗・拒否する障害を除去するとともに、その措置によって起された訴訟を裁定する権利をもつというのは言うまでもない。もしもこの裁定権がなければ、行政の効力は麻痺・消滅して、憲法上の責任を尽す手段がなくなってしまう。これが司法裁判所の管轄外に行政裁判所を設ける必要がある理由の一つめである。

行政処分は公益の保持を目的とする。よって、時に公益のために私益を曲げることがあるのはまた、事情からの必要によるものである。しかし、行政の事情は司法官がふつう精通していないところであって、その判決を任じるのは危険な道であることを免れない。それゆえ、行政訴訟は必ず行政事務に熟達した人を得て、その人が審理しなければならない。これが、司法裁判所の管轄外に行政裁判所を設ける必要がある理由の二つめである。

ただし、行政裁判所の構成もまた必ず法律で定める必要があることは、司法裁判所と異ならない。

明治5年の司法省第46号通達において、地方官に対する訴訟はみな裁判所で扱うこととされたので、地方官を訴える文書が法廷に集まって、にわかに司法官行政が滞《とどこお》るという弊害が見られるに至った。明治7年第24号の通達において、初めて行政裁判の名称が用いられ、地方官を訴える者は司法官が状況を報告し、太政官で扱いを協議するとされた。しかし、これは一時的に弊害を救済したにすぎず、かくして行政裁判所の構成は将来に期すこととなった。

本条において「行政官庁ノ違法処分」と言う場合、法律または正当な職権による処分は訴えることができないと理解すべきである。たとえば、公益のために所有を制限する法律による処分を受けた者は、訴えることはできない。

また本条で「権利ヲ傷害セラレタリトスル」と言う場合、たんに損害を被った者は請願の自由だけがあり、行政訴訟の権利はないと理解すべきである。たとえば、鉄道を開設する工事があって、行政官は規定の手続きにしたがって路線を定めたところ、違う路線のほうが利益があるとして争う地方の人民がいたとする。この場合は、たんに利益に関するものであって行政訴訟権には属さないので、当該官庁に請願することはできるが、行政裁判に訴えることはできない。

解説 行政裁判所を設置する目的は？

行政訴訟とは、行政機関による公権力の行使が適法であるかどうかを争い、その取り消しなどを求める裁判のことです。**大日本帝国憲法下では、これを扱う行政裁判所が特別裁判所（前条参照）として設置**されました。ドイツにならったものです。

伊藤博文は、行政裁判所を設置する理由として、①行政自身が裁定権を持たず、司法権の監督を受けるならば、行政は効力を失ってしまう、②行政処分は公益の保持を目的とするので、行政訴訟は行政事務に熟達した人が審理すべきである、という二点を挙げています。つまり、「司法権の独立を要するが如く、行政権も亦《また》司法権に対し均《ひとし》く其の独立を要す」（原文）ということです。

日本国憲法では〈司法権の独立〉を守るため行政機関による終審が禁止された（第76条②）、と解釈されていますが、違う考え方があることが分かります。

第6章　会計

本章の序

国の予算（会計）は臣民の生計と密接に関わっている

会計は、国家の歳出・歳入の秩序を正す行政の肝要な部分であり、臣民の生計と密接に関連する。それゆえ、憲法はとりわけ念入りに規定して、帝国議会の協賛と監督の権限を明確にしている。

解説 **予算は「行政の要部」**

本章の内容の多くは、日本国憲法の「第7章　予算」に引き継がれています。日本国憲法で新たに規定されたのは、第89条（公金支出の制限）と第91条（財政状況の報告）くらいです。それは、大日本帝国憲法が「行政の要部」（原文）である予算（会計）に関していかに完成度が高かったか、そして、伊藤博文が予算における議会の役割をいかに重視していたかを示しています。

租税法律主義

臣民の財産を守る租税法律主義

第六十二条　新ニ租税ヲ課シ及税率ヲ変更スルハ法律ヲ以テ之《これ》ヲ定ムヘシ
但シ報償《ほうしょう》ニ属スル行政上ノ手数料及其ノ他ノ収納金ハ前項ノ限ニ在ラス
国債ヲ起シ及予算ニ定メタルモノヲ除ク外国庫ノ負担トナルヘキ契約ヲ為スハ帝国議会ノ協賛ヲ経ヘシ

（新たに租税を課し、また税率を変更する場合は、法律で定めなければならない。

ただし、報償に属する行政上の手数料およびその他の収納金については、前項の限りではない。

国債を発行し、また予算に定めたもの以外で国庫の負担となる契約をする場合は、帝国議会の賛同･協力を経なければならない）

新たに租税を課すにあたって議会の協賛を必要とし、政府の独断専行に任せないのは、立憲政治の一大成果であって、直接に臣民の幸福を保護するものである。思うに、既に定まった現行の税のほかに、新たに徴収する税の額を決めたり税率を変更したりするにあたって、どれくらいが適当かを決めるのには、議会の公平な議論に依頼しないわけにはいかない。もしも専制を防ぐこの有効な憲法上の規定がなかったならば、臣民の財産は安全を保障することができないだろう。

第2項でいう「報償ニ属スル行政上ノ手数料及其ノ他ノ収納金」とは、各個人の要求による、あるいは、各個人に利益を与えるための、政府の事業や事務に対して納めるものであって、一般の義務として賦課《ふか》される租税とは性質が異なるもののことをいう。すなわち、公営の鉄道運賃・倉庫料・学校授業料の類は、行政命令によって定めることができるもので、必ずしも法律に依拠しなければならないわけではない。ただし、行政上の手数料という場合は、司法上の手数料とは異なることをわきまえるべきである。

第3項でいう「国債」は、将来に国庫が負担する義務を約束するものである。それゆえ、新たに国債を発行するには、必ず議会の協賛を得なければならない。予算の効力は一会計年度に限る。それゆえ、予算のほかに、将来に国庫が負担すべき補助・保証やその他の契約をする場合は、みな国債と同じく、議会の協賛を必要とするのである。

解説

「租税法律主義」とは？

18世紀、イギリスの植民地時代のアメリカにおいて、植民地側の人々は、新たな課税となる印紙法に反対して、本国議会に代表を送っていない以上、本国議会に課税する権利はないと主張しました。「代表なくして課税なし」です。

租税負担は**代議制の議会で法律によって定められなければならない**という考え方を、「租税法律主義」と言います。「立憲政の一大美果として直接に臣民の幸福を保護する者なり」（原文）という文言は、伊藤博文の理解の的確さを示しています。

大日本帝国憲法　第62条を**継承**

〈日本国憲法　第84条〉
あらたに租税を課し、又は現行の租税を変更するには、法律又は法律の定める条件によることを必要とする。

永久税主義

租税は国家の永久の存立を保つための財源

第六十三条　現行ノ租税ハ更ニ法律ヲ以テ之ヲ改メサル限ハ旧ニ依リ之ヲ徴収ス

（現行の租税は、法律によって変更しないかぎりは、従来どおりに徴収する）

前条においてすでに、新たに課する租税は必ず法律によって定めるべきことは明記されている。それを受けて本条は、現行の租税は、今後新たな法律によって改正することがない限りは、すべて従来の旧制および旧税率によって徴収すべきことを定める。思うに、国家は必要な経費に充てるため一定の歳入を必要とする。それゆえ、現行の租税に基づく国家の歳入は、憲法があろうとなかろうと変更されるものではないことは当然だが、憲法はさらに明文によってこのことを念押ししたのである。

（附記）この、法律による変更がない限り毎年引き続いて現行の租税を徴収できるという制度について、ヨーロッパ各国を参考にしたい。一年ごとにすべての徴税について議会の審議に付するのは、大体は無用の形式であるにもかかわらず、一般に理論的には尊重されているところで、ある国の憲法は租税議決の効力を一年に限り、更新しなければその年度を超えて存立しないと明文で掲げている。

いまその理由を考察すると、第一に、中古においてヨーロッパ各国の王家は家事と国務を混同していたことが挙げられる。家産を国費に充て、私有地を殖やしてそこから収入を取ることで、文官・武官の必要に充てていたが、その後、常備軍が設けられ軍需が膨張すると、王室の費用と合わせて財源が欠乏するに至ったため、国内の豪族を召集し、貢ぎものを取り立てて、歳費を補給するという方法をとった。

つまり、ヨーロッパ各国における租税の起源とは、実際のところ人民からの貢ぎ物や寄付にすぎない（ドイツのウィッテンベルク憲法第１０９条に「王室財産の収入で足らないときは、租税を徴収して国費を支給すべし」とあるのは、その証拠の一つである）。

それゆえ、国民は王家の飽くなき徴税を防ぐために、政府にその必要を証明し、国民の承諾を経ることを求め、「承諾なければ租税なし」という約束をもって憲法の大原則としたのである。

第二の理由は、主権在民の主義により、国民はすべての租税に対して承諾する・しないの権利があり、国民が租税を承諾しないときは政府は存立を失うのがおのずからの結果だという極論から来たものである。そもそも、第一の歴史的な遺産と第二の架空の理論とは、合わさって各国の憲法において大きな影響力をもち、牢固《ろうこ》で破ることができない。

しかし、実情はどうかと問うて観察すれば、イギリスでは地租・関税・物産税・印紙税は恒久的に徴収しており、毎年固定的に払い込む額は歳入の7分の6にあたる（1814年の統計によれば、歳入8720万5184ポンドのうち、1400万ポンドは毎年議決により徴収し、7300万ポンドは経常法によって徴収している）。これはつまり、昔日《せきじつ》の因襲《いんしゅう》と法律の効力とによって、経常不動の歳入となっていて、毎年審議に付する必要はないということである。

また、ドイツは1850年制定の憲法第109条により、現行の租税は従来どおりに徴収するという条規を実行している。さらに、かの空論の巣窟であるフランスにおいても、毎年租税について審議するという原則は、なし崩し的に行われているにすぎない。

ことさら毎年討議して税率を定めている直税についても、すでに不便だと論じている者もいる。

思うに、この制度の根拠を立国の原理に求めれば、国家の成立は永久であって仮設のものではない。それゆえ、国家の永久の存立を保つための経費の全体は、一年ごとに動かすべきではない。また、誰も、どんな機関も、必要経費の財源を閉ざして国家の成立を損なう権利などあるはずがないのである。

ヨーロッパ各国の中古の制度においては、国家常存の資源は王室の財源にあって租税にはない。それゆえ、人民は納税を承諾するか否かを一年ごとに限って決められるが、近代国家の原理がようやく定まるに至っては、国家の経費は租税を資源とすべきであり、とりわけ国家の存立に必要な経常税の徴収は、専ら国家の権力によるものであって、人民の意のままの献納によるものでないことは、すでに疑いの余地はないことである。

我が国は上古より国家の経費は租税によって取り、中古に三税（租・庸・調）の法を定め、国民に等しく納税の義務を負わせ、それら正規の租税のほかに徴収する道はかりそめにも開かなかった。現在、各種税法はみな一定の額があり、毎年変動する方法によることはない。いま憲法において現行の租税を経常税と取り決め、将来に変更がある場合を除いて従来どおり徴収させるというのは、国体に基づくとともに、物の道理を考え合わせたものであり、むやみに改められるものではないのである。

解説　「永久税主義」はなぜ憲法に盛り込まれたのか？

本条は、法律による変更がない限り毎年引き続いて現行の租税を徴収できることを定めたもので、これを「永久税主義」と言います。

（附記）を読むと、伊藤博文はヨーロッパ各国の租税の歴史を調べ尽くしたことがよく分かります。租税とはもともと、王家の財政が欠乏した場合の「人民の貢献寄附」（原文）でした。そこで、王家の飽くなき徴税を防ぐため、「承諾なければ租税なし」という大原則が確立されます。また、主権在民主義の下、租税を承諾する・しないは国民の判断に委ねられると考えられるようになったのです。

しかし、経費を租税で補う近代国家において、毎年議会で同じ租税について審議するのは時間の無駄です。実際に、憲法で明記されているプロイセン（ドイツ）のほか、イギリスやフランスでも慣習的に経常税として徴収されています。一方、日本の歴史でも、古代より租・庸・調が正規の租税として徴収されてきました。

こうして、「之を国体に原《もと》づけ、之を理勢に酌《く》み」（原文）、伊藤博文は「永久税主義」を憲法に盛り込んだのです。それは、当時の世界でも最先端のものでした。

なお、日本国憲法は「永久税主義」を明記していませんが、許容するものと解釈されています。

国家予算

財政を整理する第一歩は国家予算を設けること

第六十四条　国家ノ歳出《さいしゅつ》歳入《さいにゅう》ハ毎年予算ヲ以テ帝国議会ノ協賛ヲ経ヘシ

予算ノ款項《かんこう》ニ超過シ又ハ予算ノ外《ほか》ニ生シタル支出アルトキハ後日帝国議会ノ承諾ヲ求ムルヲ要ス

（国家の歳出・歳入は、毎年予算として帝国議会の賛同・協賛を経なければならない。

予算の費目から超過したり、予算外に支出が生じたりしたときは、後日、帝国議会の承諾を求める必要がある）

予算は、会計年度のために歳出・歳入を予定し、行政機関にその枠内で活動させるものである。国家の経費に予算を設けるのは、財政を整理する第一歩である。そのうえ、予算を議会に付して賛同・協力を経るとともに、予算によって支出した後の、さらなる超過支出や予算外支出についても議会の監督に付して事後承諾を求めるに至っては、立憲制度の成果と言うに足るものである。

予算のことは大宝令に見られない。徳川氏の時代には、各官庁に支出の定額はあったが予算はなかった。維新の後も、旧慣によって国庫または各官庁においてその都度出納《すいとう》するにとどまった。

明治6年、大蔵省で初めて歳入出見込会計表を作り、太政大臣に提出した。我が政府において予算を公文としたのはこれが最初である。明治7年にまた同年度の会計表を作り、以後、毎年のように予算の費目および様式を改良していき、明治14年に会計法を公布するに至ってだいぶ整頓され、明治17年に歳入出予算条規を施行したことで、ますます予算制度の端緒を見ることができた。明治19年に勅令で予算が発布された。これが正式な予算の初めである。かくして予算制度は会計上で必要な基準となるに至った。

本条はさらに進み、予算を議会に付する制度を採用している。思うに、予算を正当で明確なものとし、また、それを公衆に証明するとともに、行政官庁に予算を遵守することを当然の義務とするには、予算を議会に付すことが最も切実な効力があるだろう。

ここで弁明を必要とするのは、各国において予算を法律の一種と認めていることである。そもそも予算はたんに一年間の行政官が遵守すべき基準を定めたにすぎない。よって、予算はその特別な性質から議会の賛同・協力を要するものではあるが、本来は法律ではない。そうであればこそ、法律は予算の前提となる効力をもちうるが、予算は法律を変更する作用をし得ない。予算によって法律を変更するというのは、予算議定権の適当な範囲を逸脱している。

各国で予算を法律と称しているというのは、予算の議定を重視しすぎて議院の無制限の権利とみなすことによるか、議院の審議を経たものはすべて法律と呼ぶという誤りを犯しているか、いずれかにすぎない。そもそも、法律は必ず議会の議決を経るとは言えるが、議会の審議を経たものがすべて法律と名づけられるわけではない。なぜならば、議会の承諾を経ても、特別の一事に限られ、通常において従うべき規則でないものは、もともと法律とは性質が異なるからである。

第2項の、「予算ノ款項《かんこう》ニ超過」があるか、または「予算ノ外《ほか》ニ生シタル」費用の支出をしたかの場合に議会の事後承諾を求めるのは、政府のやむを得ない処分については、とりもなおさず議会の監督を要するからである。

思うに、精確《せいかく》な予算は過剰よりもむしろ不足があるというのは、往々にして避けられない事実である。各大臣には予算に拘束されて既に不要となった予定の政費を支出する責任がないように、やむを得ない必要から生じた予算超過および予算外の支出を行うこともまた憲法は禁じていない。なぜならば、大臣の職務は予算に関わる議会の賛同・協力によって指定されたものだけではなく、むしろ、至高の規範である憲法および法律によって指定されるものだからである。

それゆえ、憲法上の権利または法律上の義務を実践するために必要な支出がある際に、大臣は予算が不足したとか予算中に正式な費目がないとかいった理由でその政務を廃することはできない。かくして、やむを得ない超過および予算外の支出は当然適法であることに間違いはない。

それでは、適法のことなのになお事後承諾を要するのはなぜか。行政の必要と立法の監督とを並行させ、調和を図るためである。

思うに、国家もまた一個人と同じく無駄遣いをしがちという悪い性質があるのは免れがたい弱点であるがゆえに、予算の議決項目を細密に履行《りこう》することを政府の重要義務とせざるを得ない（イギリスにおいて１８４９年３月30日の下院（庶民院）の議決にこう言う。「国会が経費の費目ごとの額を決定したときは、その経費をその目的のために割り振られた額に超過しないよう注意することは、責任および監督にあたる各省の義務である」と）。

しかし、やむを得ない超過支出および予算外支出があるのを異例のこととして、もしも議会で濫費《らんぴ》違法の問題を発見して必要性を認めなかった場合は、法律上の争議を提起することはできないが、政事上の問題とすることはできる。ただし、財政上政府がすでに支出した費額および政府に生じた義務については、その結果を変更することはできない。

第２項の「予算款項」の「超過」とは、議会で議決した定額を超えて支出したということである。「予算ノ外ニ生シタル支出」とは、予算に設けた費目のほかに予見しなかった事項のために支出したということである（ドイツの検査員章程にはこうある。「憲法（１８５０年）第１０４条で言う予算超過とは、予算において各項の流用を許可し、支出が少なかったある項目で、多かった別の項目を補充できる場合を除いて、第99条に従ってすでに確定した会計予算の各項、または議院が承認した特別予算の各項に違った多額の支出のことを言う。予算超過および予算外支出の証明は、翌年に両議院に提出して承諾を受けなければならない」と。これは、憲法第１０４条の遺漏を補うとともに、予算超過の際の処理を予算外支出にも適用したものである）。

（附記）予算超過の支出は、各国の会計において実際に免れられないところである。イギリスで１８８５年に収入支出条規として議院が議決したところによると、「毎年の決算は最後に下院の決算委員で審査し、各費目について議決の金額に超過した支出がある場合は、立法府の認可を経なければならない」とある（コックス氏による。氏はその事実を著してこう言う。「国会が議定した費額は、予算調整したその時は十分余裕があるように思えても、実際に欠乏して次年度において不足を補充する費目は少なくない」と。思うに、イギリスは事後承諾および補充議決の両方の方法をとる）。

ドイツは事後承諾の方法をとることを憲法に明記している。イタリアは半分は現年度における予算修正の方法をとり、半分は事後承諾の方法をとる（１８６９年の法）。フランスは、予算で定めた経費のうち、しかるべき理由で不足したものは補充費とし、予見しなかった事項または予算に定めた事務で既定の区域外に拡張したものは非常費として、補充費・非常費はみな法律で許可するものとしている。国会が閉会の場合は元老院が発議し、内閣の会議を経て命令で仮にこれを許可し、次の国会で承諾を受けることとされる（1878年法）。

解説 予算と法律の違いは？

本条では、予算は議会の協賛を経なければならないこと、予算超過や予算外の支出があった場合は議会の事後承諾を要すること（第69条で後述）が定められています。「蓋《けだ》し国家も亦《また》一個人と同じく濫費《らんぴ》冗出《じょうしゅつ》の情弊《じょうへい》あるは免れざるの弱点」（原文）であるがゆえに、議会のチェックが不可欠なのです。

伊藤博文は、予算と法律は、同じく議会の協賛を経るが、どう違うのかについてこだわって説明しています。**予算は「単に一年に向て行政官の遵守すべき準縄《じゅんじょう》」を定めたにすぎないもの**です。ですから、予算の上位に法律があるのであって、予算によって法律を変更することはできません。

予算の議定を「議院無限の権」とするのは誤りだということの説明からは、予算に完全に縛られないフリーハンドを政府に与えようという、伊藤の意図がうかがわれます（第9条・第37条参照）。

〈日本国憲法　第86条〉　大日本帝国憲法　第64条を**継承**

内閣は、毎会計年度の予算を作成し、国会に提出して、その審議を受け議決を経なければならない。

予算の先議権

民衆の公選によるから衆議院が予算の先議権をもつ

第六十五条　予算ハ前ニ衆議院ニ提出スヘシ
（予算は先に衆議院に提出しなければならない）

本条は、衆議院に予算の先議権を与えている。思うに、予算を審議するには、政府の財務と国民の生計とを照らし合わせ、ともによく見渡しながら考えて、手厚くするか倹約するかを決める必要がある。これはすなわち、民衆の公選による代議士に最もふさわしい職任である。

解説

衆議院に予算の先議権があるのはなぜか？

衆議院の予算先議権は大日本帝国憲法でも認められていました。その理由を伊藤博文は、「政府の財務と生計とを対照し、両々顧応《こおう》し豊倹《ほうけん》の程度を得せしめる」ことは、「衆民の公選に依り成立する代議士の職任に於て尤《もっとも》緊切なり」（原文）と端的に述べています。日本国憲法では、衆議院は参議院よりも任期が短く解散があるという程度の説明しかできませんが、**臣民（国民）の生活に直結しているのは貴族院ではなく衆議院だと言われたほうが、よほど説得力がある**でしょう。

〈日本国憲法　第60条〉

大日本帝国憲法　第65条を**継承**

①予算は、さきに衆議院に提出しなければならない。

②予算について、参議院で衆議院と異なつた議決をした場合に、法律の定めるところにより、両議院の協議会を開いても意見が一致しないとき、又は参議院が、衆議院の可決した予算を受け取つた後、国会休会中の期間を除いて三十日以内に、議決しないときは、衆議院の議決を国会の議決とする。

皇室の経費

天皇の尊厳を保つために皇室経費は不可欠

第六十六条　皇室経費ハ現在ノ定額ニ依リ毎年国庫ヨリ之《これ》ヲ支出シ将来増額ヲ要スル場合ヲ除ク外《ほか》帝国議会ノ協賛ヲ要セス

（皇室の経費は、現在の定額どおり毎年国庫から支出し、将来増額が必要となった場合を除いて、帝国議会の賛同・協力を経る必要はない）

第64条で予算は帝国議会の賛同・協力を経なければならないことを定めた。そのうえで、本条は皇室経費についてその例外を示すものである。

恭《つつし》んで考えるに、皇室経費は、天皇の尊厳を保つために欠くことのできない経費を供給する、国庫最優先の義務である。その使用はひとえに宮廷のことに係わり、議会の問うところではない。したがって、議会の承諾および検査を要すべきではないのである。皇室費の額を予算および決算に記載するのは、支出総額の内訳を示すにすぎないのであって、議会の審議に付する項目の一つとするものではない。そのうえで、将来増額が必要なときに議会の賛同・協力を要するというのは、臣民の負担する租税と密接な関係があるので、衆議に問うということである。

解説 皇室経費が例外とされたのはなぜか？

第2条で見たとおり、**天皇家のプライベートには干渉しない**というのが大日本帝国憲法の基本姿勢でした（第74条でも後述）。それゆえ、「皇室経費は天皇の尊厳を保つ為に欠くべからざるの経費を供給する国庫最先の義務」として、細かな費目は「議会の問ふ所に非《あら》ず」（原文）とされました。ただし、増額される場合は臣民の負担となりますので、議会の協賛が必要です。

なお、日本国憲法では国会の議決を要するとされています（第88条）。

〈日本国憲法　第88条〉

すべて皇室財産は、国に属する。すべての皇室の費用は、予算に計上して国会の議決を経なければならない。

大日本帝国憲法　第66条を**修正**

歳出の廃除・削減

行政と財務は、憲法と法律に従属する

第六十七条　憲法上ノ大権ニ基ツケル既定ノ歳出及法律ノ結果ニ由《よ》リ又ハ法律上政府ノ義務ニ属スル歳出ハ政府ノ同意ナクシテ帝国議会之ヲ廃除シ又ハ削減スルコトヲ得ス

（憲法上の天皇の大権に基づく既定の歳出や、法律の施行により生じた歳出、また法律上で政府の義務に属する歳出は、政府の同意なしに帝国議会が廃除したり削減したりすることはできない）

本条で言う「憲法上ノ大権ニ基ツケル既定ノ歳出」とは、第1章に掲げた天皇の大権による支出、すなわち、行政各部署の官制・陸海軍の編制に必要な費用・文武

官の俸給ならびに外国との条約による費用であって、憲法の施行前か施行後かを問わず、予算審議の前にすでに定まっている経常の費額となるもののことである。次に、「法律ノ結果ニ由」る「歳出」とは、議院の費用・議員の歳費手当・諸般の恩給年金・法律による官制の費用および俸給などのことである。最後に、「法律上政府ノ義務ニ属スル歳出」とは、国債の利子および償還・会社営業の補助または保証・政府の民法上の義務または諸般の賠償などである。

思うに、憲法と法律は行政および財務の上に至高の標準を示すものであって、国家は立国の目的を達するために、憲法と法律に最高の主たる地位を与えており、かくして行政と財政はこれに従属しなければならない。それゆえ、予算を審議する者は、憲法と法律に準拠し、憲法上および法律上国家の組織の配置に必要な費用を手当てすることを当然の原則としなければならない。その他、事前に定められた契約および民法上または諸般の義務も、等しく法律上の必要から生じたものである。

もしも議会が予算を審議するにあたって、憲法上の大権に準拠した既定の額、または法律の結果による、および法律上の義務を履行するのに必要な歳出を廃除・削減することがあったら、これはとりもなおさず国家の成立を破壊し憲法の原則に背くものと言わざるをえない。

ただし、既定の歳出と言う場合、憲法上の大権に基づくとしても、新設および増設の歳出については、もちろん議会において議論の自由がある。そうして政府の同意を経たときは、憲法上の既定の歳出、および法律の結果による、または法律の義務の必要による歳出であっても、法律上および時宜《じぎ》の許す限りは省略・修正することができる。

(附記)ボーリウ氏の論著によると、スウェーデンでは、国会が歳出を削減すると現在行っている建設の事業の継続に不足が生じるような場合は、国王の認許を得ずに削減を決議することができない（1809年のスウェーデン憲法第89条）。

そのほか、ドイツの各領邦において、議会は憲法上の義務または法律および民法上の義務によって生じる必要な歳出を拒否することができない、という主義を掲げるものは、ブラウンシュヴァイク憲法（1832年）第173条、オルデンブルク憲法（1852年）第187条、ハノーバー憲法（1840年）第91条、ザクセン・マイニンゲン憲法（1829年）第81条などである。

また、ひとたび予算で定めた経費は、その事項および目的が消滅していない間は国会の承諾なく増加させることができず、政府の承諾なく削減することができないと定めるのは、アルテンブルク憲法（１８３１年）第２０３条である。これらはみな各国の旧《ふる》い慣習または成文にあるもので、近代国家原理の発達と符合している。ここに附記して参考にあてる。

解説 政府の同意なしに削減できない予算とは？

本条は、憲法および法律の規定によって生じる歳出は、政府の同意なく議会が廃除・削減できないことを定めています。文武官の俸給や国債の償還費などを削減したら行政機能が麻痺してしまいますから当然です。

第64条の説明で、伊藤博文が法律と租税の違いについてなぜあれほどにこだわっていたのか、ここに至っておのずと明らかでしょう。〈立憲国家〉として、憲法と法律の運用にかかる費用を削ることはできません。行政・財務は憲法・法律に従属するものであって、これらの費用を廃除・削減することは、「即ち国家の成立を破壊し憲法の原則に背く」（原文）ものなのです。

なお、憲法発布後の第1議会（１８９０～91）において、議会で既定の歳出を廃除・削減しようとする場合、事前に政府の同意を得るとの動議が採択されています。〈立憲政治〉の実現に向けて、議会と政府の融和の道が探求されていたのです。

継続費の設定

予算単年度主義が原則

第六十八条　特別ノ須要《しゅよう》ニ因《よ》リ政府ハ予《あらかじ》メ年限ヲ定メ継続費トシテ帝国議会ノ協賛ヲ求ムルコトヲ得
（特別の必要があるときは、政府はあらかじめ年限を定めて継続費とし、帝国議会の賛同・協賛を求めることができる）

歳費は一年ごとに審議して定めることを常とする。思うに、国家の務めは動き変化するものであって、杓子定規《しゃくしじょうぎ》で律することはできない。それゆえ、国家の費用は前年のものを次の年に繰り越すことはできない。

ただし、本条が特別の必要がある場合に例外を設けるのは、陸海軍費の一部や工事製造のように、数年を期して成功を見るべきものについては、議会の賛同・協力により数年にわたる年限を定めることができるという趣旨である。

解説　継続費とは何か?

予算は単年度で編成することが原則とされています（予算単年度主義）が、大日本帝国憲法では、陸海軍費や大規模な工事など複数年にわたる事業について、**例外として継続費の設定を認めていました。**当然、議会の協賛が必要です。

現実的には、中長期の国防計画として軍の既得権益と化したため、日本国憲法では継続費の規定が削除されましたが、現在では財政法で認められています。

予備費の設定

予算の不足分や予算外の費用に充てるために設ける

第六十九条　避クヘカラサル予算ノ不足ヲ補フ為ニ又ハ予算ノ外《ほか》ニ生シタル必要ノ費用ニ充ツル為ニ予備費ヲ設クヘシ

（避けられない予算の不足を補うため、また予算外に生じた必要な費用に充てるため、予備費を設けなければならない）

本条は、予備費の設定によって、予算の不足および予算のほかに必要な費用を補給することを定める。思うに、第64条は予算超過および予算外支出について議会の事後承諾を求めるべきことを掲げている。しかし、超過および額外の支出はどこから財源をとって供給するかを指示していない。これが、本条において予備費の設置を定めることを要する理由である。

（附記）各国の予備費の設定について参考としたい。オランダでは各省に予備費5万フローリンを置き、また政府一般のためにも5万フローリンを用意し、これによって議決した費目の不足を補給するのに備えている。

イタリアでは1869年の会計法が予算の中に予備費を設けることを掲げ、予算額の避けられない不足に応じるために二つの定額を許可している。第一は、義務および命令によって生じる経費を支弁すべき予備費とし（400万フランク）、第二は、別に一項目をなすべき、予知できない経費のための予備費とする（400万フランク）。第一の予備費の使用は会計検査院の登記を経て大蔵長官が施行し、第2の予備費の使用は大蔵長官の発議により閣議を経て勅令で定める。

ドイツでは、各省に予備費を置き、さらに大蔵省に非常予備費を置く。これはみな予算の不足と予算外の必要を補充するために設けるものである。

スウェーデンでは、予見できない場合に備えるために国債局の収入から二種の予備金を設け、第一種は国家の防衛や重要緊急の事件に備え、第二種は戦時の用に備える。これらもまた別の一法である。

解説　**予備費は何のために必要か？**

大日本帝国憲法では、予算の不足分や予算外の費用に充てるため、予備費の設定が義務づけられていました。あくまでも**議会の事後承諾で十分な程度の少額のもので**、大幅に超過する場合には補正予算を編成する必要があります。

なお、日本国憲法では義務が外されています（第87条）。

〈日本国憲法　第87条〉　大日本帝国憲法　第69条を**修正**

①予見し難い予算の不足に充てるため、国会の議決に基いて予備費を設け、内閣の責任でこれを支出することができる。

②すべて予備費の支出については、内閣は、事後に国会の承諾を得なければならない。

緊急財政処分

国家成立のためのやむを得ない処分を認める

第七十条　公共ノ安全ヲ保持スル為緊急ノ需用アル場合ニ於テ内外ノ情形ニ因リ政府ハ帝国議会ヲ召集スルコト能《あた》ハサルトキハ勅令ニ依リ財政上必要ノ処分ヲ為スコトヲ得

前項ノ場合ニ於テハ次ノ会期ニ於テ帝国議会ニ提出シ其ノ承諾ヲ求ムルヲ要ス

（公共の安全を守るため緊急の必要がある場合において、内外の状況により政府は帝国議会を召集することができないときは、勅令により財政上必要な処分をすることができる。

前項の場合においては、次の会期に帝国議会に提出し承諾を求める必要がある）

本条の解釈は、すでに第8条（天皇の緊急勅令）に具《そな》わっている。ただし、第8条と異なるのは、第8条は議会が開会していないときに臨時会の召集を求めないが、本条は召集を求めるという点である。そのうえで、内外の情勢により議会を召集できないときに限って、はじめて議会の賛同を待たずに必要な処分を施すことができる。思うに、本条はもっぱら財政に関わるがために一層の慎重さを加えたのである。

本条における「財政上必要ノ処分」とは、本来は立法議会の賛同・協力を経なければならないもので、臨時緊急の場合のため賛同・協力を経ずに処分することをいう。

臨時財政の処分であって、将来、国庫に義務を生じるものが、もしも議会の事後承諾を得なかったならば、どのような結果が生ずるだろうか。思うに、議会の承諾を拒むというのは将来に引き継がれる効力を拒むものであって、すでに行われた過去の処分をさかのぼって廃するということではない（すでに第8条の説明で詳しく述べた）。それゆえ、勅令によってすでに生じた政府の義務を議会が解除することはできない。そもそも、事《こと》ここに至ったならば、国家の不祥事として直視するに耐えない。これが、本条において国家の成立を守るためやむを得ない処分を認め、また議会の権限を尊重して最大限の慎重を期した趣旨である。

解説

緊急財政処分とは何か？

緊急財政処分とは、緊急時に議会の協賛を経ずに政府が勅令で行う財政処分のことです。第8条に緊急勅令の規定がありましたが、「帝国議会ヲ召集スルコト能ハサルトキハ」と、**要件が厳しく**なっています。伊藤博文が説明するとおり、「専ら財政に関るを以て更に一層の慎重を加ふる」（原文）ためです。**議会の事後承諾も必要**とされています。

具体的事例としては、大正12年（1923）の関東大震災に際して、回収不能となった債権（震災手形）を抱えた市中銀行に対して、日本銀行が特別融資を行う枠組みとして出された勅令（震災手形割引損失補償令）があります。

大日本帝国憲法には、第8条（緊急勅令）・第14条（戒厳令）・第31条（非常大権）、そして本条と非常時の規定がありましたが、日本国憲法にはありません。

前年度予算の執行

予算不成立のときの「保険」

第七十一条　帝国議会ニ於テ予算ヲ議定《ぎてい》セス又ハ予算成立ニ至ラサルトキハ政府ハ前年度ノ予算ヲ施行スヘシ
（帝国議会において予算を議決せず、あるいは予算成立に至らなかったときは、政府は前年度の予算を施行しなければならない）

議会が自ら議決せずに閉会に至ったときは、これを「予算ヲ議定セス」という。両議院の一つが予算を廃棄したときは、これを「予算成立ニ至ラサル」という。そのほか、議会がいまだ議決せずに停会または解散を命じられたときは、再び開会する日に至るまで、これもまた「予算成立ニ至ラサル」の場合とする。

議会において予算を議定せず、または予算成立に至らなかったときは、その結果は、大きなものでは国家存立を廃絶し、小さなものでは行政機関を麻痺させるに至る。1877年、アメリカにおいて連邦議会が陸軍予算の議定を先延ばしにしたために、3か月間兵士の給料を欠いたということがあった、同年、オーストラリアにおいてメルボルンの議院は予算の全部を廃棄した。これらの事例は民主主義の上に結果として現れた国々の実態であって、我が国体がもとより取るべきところではない。

一方で、ある国において、こうした場合はひとえに権力が解決するところであるとして、議会にこだわらずに政府のもっぱらの意向に任せて財務を施行するというのも（ドイツ・1862年から66年に至る）、非常時の変例であって、立憲主義のあるべき姿ではない。我が憲法は国体に基づくとともに、物の道理を考えて、こうした不規則な状況にあたって前年の予算を施行することで終局の処分をすることを定めた。

解説 「予算不成立時の前年度予算の執行」の規定は何をもたらしたか？

大日本帝国憲法では議院内閣制は採用されませんでしたから、衆議院の過半数を野党が占め、予算が成立しない懼《おそ》れがありました。予算が成立しなければ、行政機能が麻痺してしまいます。平成25年（2013）にアメリカでオバマ政権が予算案を議会に否決され、政府機関が一部閉鎖されたのも記憶に新しいところです。

そこで、**予算不成立時のいわば保険**として、前年度予算の執行という本条の規定が設けられました。アメリカのように予算が成立せず兵士の給与が支払われなかったのも、ドイツのようにビスマルク政権が議会を無視して財務を行ったのも、〈立憲主義〉にそぐわないと伊藤博文は考えたからです。

しかし、前年度の予算を執行するだけでは、政府は新しい政策を実行できません。そこで、政府は議会で多数を握る政党（民党）に歩み寄ります。一方、民党も政策の実現のため政府に近づく姿勢を見せました。こうして、初期議会における激しい攻防の後、明治31年（1898）には議会開設からわずか8年で日本初の政党内閣（第1次大隈重信内閣）が成立しました。

伊藤博文は、議会に予算の主導権を与えることで、議会政治に道を開いたのです。

会計検査院

行政命令の範囲外にある独立機関

第七十二条　国家ノ歳出歳入ノ決算ハ会計検査院之ヲ検査確定シ政府ハ其ノ検査報告ト倶《とも》ニ之ヲ帝国議会ニ提出スヘシ
会計検査院ノ組織及職権ハ法律ヲ以テ之ヲ定ム
（国家の歳出・歳入の決算は、会計検査院が検査・確定し、政府はその検査報告とともに帝国議会に提出しなければならない。会計検査院の組織および職権は法律で定める）

予算は会計の初めであり、決算は会計の終わりである。議会が会計を監督するのには二つの方法がある。一つめは会期前の監督、二つめは会期後の監督である。会期前の監督とは次年度の予算を承諾することをいい、会期後の監督とは過年度の決算を審査することをいう。後者である会期後の監督をとるために、政府は会計検査院の検査を経た決算を、同院の報告と合わせて議会に提出する義務がある。

検査院が担当する職務は、第一に各部署の出納官の証明を検査して、その責任を解除することである、第二に支払いを行う命令官の処分を監督して、その予算超過や予算外の支出、および予算・法律・勅令に違反している事例を検査することである。第三に国庫の総決算と各省の決算報告を検査し、各出納官が報告した各部署の会計の合計と照らし合わせて、これを確定することである。

会計検査院の行政上の検査は、議会の立法上の検査のための準備の下地を用意するものである。それゆえ、議会は検査院の報告とともに政府の決算書を受けて、それが正当であることを承諾し、決定することが求められる。

会計検査院は政府の会計を検査するために、独立の立場でなければならない。それゆえ、その組織と職権は裁判官と同じく法律で定め、行政命令の範囲外にあるものとする。ただし、検査上の規定などについては、勅令が定めるべきところである。

解説

会計検査院の役割と地位とは？

会計検査院は、国や独立行政法人の決算を検査し、会計経理を監督する機関です。大日本帝国憲法発布前の明治13年（1880）に、太政官に直属する機関として設置されました。**公平・中立を図るため、内閣・議会・裁判所のいずれからも独立した機関とされていること**は、日本国憲法でも変わりません（第90条）。また、その独立性を保障するため、組織および職権は法律で定めるとされ、官制大権（第10条参照）の例外とされました。

伊藤博文は、「会計検査院は政府の会計を監査する為に独立の資格を有せざるべからず」と、その地位を端的に述べています。会計を「行政の要部」として認識していた証拠です。

〈日本国憲法　第90条〉　大日本帝国憲法　第72条を**継承**

①国の収入支出の決算は、すべて毎年会計検査院がこれを検査し、内閣は、次の年度に、その検査報告とともに、これを国会に提出しなければならない。

②会計検査院の組織及び権限は、法律でこれを定める。

第7章　補則

改正の手続き

「不磨の大典」を簡単に変えてはならない

第七十三条　将来此ノ憲法ノ条項ヲ改正スルノ必要アルトキハ勅命《ちょくめい》ヲ以テ議案ヲ帝国議会ノ議ニ付スヘシ
此ノ場合ニ於テ両議院ハ各々其ノ総員三分ノ二以上出席スルニ非《あら》サレハ議事ヲ開クコトヲ得ス出席議員三分ノ二以上ノ多数ヲ得ルニ非サレハ改正ノ議決ヲ為スコトヲ得ス

（将来この憲法の条項を改正する必要があるときは、天皇の勅命によって議案を帝国議会の審議に付さなければならない。

この場合において、両議院は総議員の三分の二以上の出席がなければ議事を開くことができず、出席議員の三分の二以上の賛成多数を得なければ改正を議決することができない）

恭《つつし》んで考えるに、憲法は我が天皇が自ら制定し、上は歴代の天皇に継ぎ、下は後世に残し、全国の臣民および臣民の子孫である者にその規則に従わせるべく、このように不磨《ふま》の大典《たいてん》としたものである。それゆえ、憲法はむやみに改めることを許さない。

ただし、法は社会の必要と調和することで効用をなすものである。それゆえ、国体の大綱は万世にわたって永遠恒久であって動かしてはならないが、政治制度の細目を世のなりゆきとともに適当な時機を考慮して変えていくことは必要で、それなしには済まされない。本条は将来にこの憲法の条項を改定することを禁じていない。しかし、憲法を改定するために、より一層の特別の要件を定めている。

通常の法律案は、政府から議会に付すか、議会が提出するかする。しかし、憲法改正の議案は必ず勅命で下付するとしているのはなぜか。憲法は天皇が自ら定めたものである。よって、改正の権限も天皇に属すべきものだからである。

それでは、改正の権限は、ほかでもなく天皇に属すのに、これを議会に付すのはなぜか。ひとたび定まった大典は臣民とともにこれを守り、王室の独断で変更することを望まないからである。

また、議院で改定を議決するのに、通常の過半数の議事法によらず、三分の二以上の出席および三分の二以上の賛成多数を望むのはなぜか。将来に向けて憲法を慎んで守るという方針をとるためである。

本条の明文によると、憲法の改正条項が議会の審議に付せられるにあたって、議会は関連して及ぶ議案のほかの条項を議決することはできない。また、議会は直接にも間接にも憲法の趣旨を変更する法律を議決し、本条の制限を回避することもできない。

解説

なぜ「硬性憲法」なのか？

一般の法律よりも改正の手続きの要件が厳しい憲法を、「硬性憲法」と言います。「法は社会の必要に調熟して其の効用を為す」（原文）ものですから、時世に合わせて変えていくのは当然ですが、**国体の大綱（constitution）を定めた憲法をコロコロと変更することはできません。**それゆえ、3分の2以上の賛成という特別多数決が課されたのです。

日本国憲法（第96条）では国民投票の規定が追加されています（「民定憲法」ですので）。「出席議員」ではなく「総議員」と要件がさらに厳しくなっていますが、そもそも憲法改正の発議の表決に欠席する議員など考えられないでしょう。

ここまで見てきたように、伊藤博文は日本の歴史とヨーロッパ各国の憲法を調べ上げ、この国の〈国柄〉と近代的な〈立憲主義〉の原理を調和させた憲法を作り上げました。「不磨の大典」という大宝律令に借りた文言からは、そう簡単に変えられまいという気概が感じられます。

これを裏返せば、憲法改正の要件を緩和するというのは、ご都合でconstitutionをカスタマイズできる国を選択するということなのです。

〈日本国憲法　第96条〉　大日本帝国憲法　第73条を**修正**

①この憲法の改正は、各議院の総議員の三分の二以上の賛成で、国会が、これを発議し、国民に提案してその承認を経なければならない。この承認には、特別の国民投票又は国会の定める選挙の際行はれる投票において、その過半数の賛成を必要とする。

②憲法改正について前項の承認を経たときは、天皇は、国民の名で、この憲法と一体を成すものとして、直ちにこれを公布する。

皇室典範の改正

皇室典範は天皇家の家訓

第七十四条　皇室典範《こうしつてんぱん》ノ改正ハ帝国議会ノ議ヲ経ルヲ要セス
皇室典範ヲ以テ憲法ノ条規ヲ変更スルコトヲ得ス

（皇室典範の改正は帝国議会における審議を必要としない。
皇室典範によって憲法の条規を変更することはできない）

恭《つつし》んで考えるに、憲法の改正はまさに議会の審議を経ることを要するが、皇室典範はその必要がないのはなぜか。思うに、皇室典範は皇室が自ら皇室のことを定めている。君民相互に関わる権利・義務にわたるものではないからである。仮に改正の必要がある場合、皇族会議および枢密顧問《すうみつこもん》に付すといった規則なども また、皇室典範で制定すべきものであって、憲法に明示する必要はない。よって、本条に併記しないのである。

ただし、皇室典範の改正により直接または間接に憲法の内容を変更し得るように定めたならば、憲法の基礎が容易に揺り動かされるという不幸を免れられなくなってしまう。それゆえ、本条は特に憲法の存立を保障するということこの上ない意を示したのである。

解説 なぜ大日本帝国憲法は皇室典範と一対だったのか？

第2条で見たとおり、皇室典範は天皇家の家訓であるがゆえに臣民は干渉できないものとされました。その論理を、伊藤博文は「蓋《けだ》し皇室典範は皇室自ら皇室の事を制定す。而《しか》して君民相関かるの権義に渉《わた》る者に非ざればなり」（原文）と明快に述べています。皇室のプライベートであるから、皇室典範は非公開であるし、改正に議会の審議を要しないというのです。

それは、**天皇の公的な部分と私的な部分を、大日本帝国憲法と皇室典範で明確により分けた**ということを意味します。ですから、皇室典範の改正が大日本帝国憲法の変更につながることもあり得ません。皇室典範と一対であることで、大日本帝国憲法は〈立憲主義〉的たり得たのです。

なお、日本国憲法では「国会の議決した皇室典範」として法律化されていますので、女性天皇の容認なども（その是非は別にして）国会の審議を経て改正できます。

変更禁止期間

摂政が置かれるような国の非常時に憲法改正は許されない

第七十五条　憲法及皇室典範ハ摂政ヲ置クノ間之ヲ変更スルコトヲ得ス

（憲法および皇室典範は、摂政を置く期間中は変更することができない）

恭《つつし》んで考えるに、摂政を置くのは国の非常の事態であって通常の状態ではない。それゆえ、摂政が統治権を行使することに関しては天皇と異ならないが、憲法および皇室典範に関してはいっさいの変更を摂政の判断に任せないというのは、国家および皇室における根本原則は極めて重く、そもそも仮に代行する摂政の上に位置していて、天皇以外に誰も改正の大事を行うことができないということである。

解説

摂政設置時に憲法を改正できないのはなぜか？

伊藤博文は「摂政を置くは国の変局にして其の常に非ざるなり」（原文）と述べています。第17条の説明にもあったとおり、統治権を総攬する天皇の代行者が必要という事態は、往々にして国家動乱の兆しとなり得るものです。それゆえ、**摂政設置時の憲法改正は許されません。**また、天皇家の家長である天皇が不在なのですから、家訓たる皇室典範の改正も許されないのは当然のことです。

法令の効力

憲法に矛盾しなければ憲法発布以前の法令も有効

第七十六条　法律規則命令又ハ何等ノ名称ヲ用ヰタルニ拘ラス此ノ憲法ニ矛盾セサル現行ノ法令ハ総《すべ》テ遵《じゅん》由《ゆう》ノ効力ヲ有ス

歳出上政府ノ義務ニ係ル現在ノ契約又ハ命令ハ総テ第六十七条ノ例ニ依ル

（法律・規則・命令またはいかなる名称を用いているかにかかわらず、この憲法に矛盾しない現行の法令は、すべて憲法に由来する効力をもつ。

歳出上の政府の義務に関係する現在の契約や命令は、すべて第67条の規定による）

維新の後、頒布《はんぷ》した法令は御沙汰書または布告・布達《ふたつ》と称した。明治元年8月13日、法令頒布の書式を定め、以後、被仰出《おおせいだされ》・御沙汰等の文字を用いるのは行政官に限り、その他の5官（神祇官・会計官・軍務官・外国官・刑法官）および府県は申達《もうしたつ》の字を用いることとなった。5官・府県における重要な布告は行政官に差し出し、議政《ぎせい》官《かん》が決議したうえで行政官より通達された。

明治5年正月8日の通達で、今後布告に番号を付し、各省の布達も同様とした。この時から布告・布達の名称は区別された。明治6年7月18日の通達で、布令のうちで掲示すべきものとそうでないものとを区別し、布令書の結びの文の通例を定めた。各丁および官員に通達するものは「此旨相達《このむね》」または「此旨可相心得」、全国一般に布告するものは「此旨布告」、華族または社寺に通達するものは「此旨華士族へ布告」としたのである。各庁および官員に通達するものは掲示を要さない。これが人民に対する布告と官庁への訓令とを区別した始めである。

明治14年12月、布告・布達の形式を定め、布告は太政大臣「奉勅旨布告《ほうちょくしふこく》」とし、布達は太政大臣から布達するとともに主任の卿（長官）が連署することとなった。同月3日の布告で、法律規則は布告の形式で発行し、これまで諸省に限って布達していた条規の類は今後すべて太政官より布達することとなった。これは、諸省の布達の制度を廃し、初めて諸省卿の連署の制度を定めたものである。

明治19年2月26日の勅令に、法律と勅令は上諭の形式で公布し、天皇の親書の後に御璽《ぎょじ》を押させ、内閣総理大臣および主任大臣が副署する。また、閣令は内閣総理大臣が発し、省令は各省大臣が発することとなった。

以上をまとめると、維新以来の官令において御沙汰書・布告・布達などと言ったのは、文の形式によってそう呼称したのである。法（戸籍法など）・律（新律綱領など）・令（徴兵令・戒厳令など）・条例（新聞条例など）・律例（改定律例など）・規則（府県会規則など）はみな人民に公布し、従うべき効力をもつ規則の類を言った語であって、それらの間に効力の軽重はなかった。しかし、明治19年2月26日の勅令で初めて法律・勅令に名称を正したものの、何を法律とし何を勅令とするかについては、いまだ定まってはいなかったのである。

明治8年の元老院《げんろういん》（議会開設前に置かれていた立法機関）の章程に、「元老院は新法の制定と旧法の改定を議定する」とあり、明治19年2月26日の勅令に「元老院の審議を経ることを要する法律は、旧来のとおりとする」とある。しかし、明治8年以後の布告のうち何を指して法律とすべきかはいまだ明白でなく、したがって元老院の立法の権限も明確でなかった（明治11年2月22日の元老院の上奏による）。また、明治19年以後の勅令で元老院の審議に付されたものも少なくなかった。

要するに、憲法発布前は、法律と勅令は名称が異なるだけで実質は同じものであった。かくして、名称で効力の軽重を区別できないのは、明治19年以前において布告と布達で時に区別があり時に区別がなかったのと異ならない。

それゆえ、憲法の指定に従って法律と命令とを明確に区別するというのは、必ず立法議会が開設されてから始めるべきものであって、立法議会の開設前については、法律・規則・命令その他いかなる名称を用い、いかなる形式を用いていても、それを効力の軽重を判断する基準とすることはできない。

憲法発布前の公令は、いかなる名称を用いていても憲法に由来する効力をもつものとする。ただし、憲法に矛盾するものは憲法施行の日からその全文または特定の条章に限り効力が失われなければならない。

今日に現行し、将来にわたって憲法に由来する効力のある憲法発布前の公令の中で、さらに憲法で定められているものは、法律とするのが望ましい（第20条兵役・第21条租税など)。しかし、過去にさかのぼっていちいち法律の形式を与え、憲法の文意に沿わせようとするのは、形式に拘《こだ》わりいたずらに煩瑣《はんさ》な仕事を増やすだけである。

よって、本条は、現行の法令条規にすべて憲法に由来する効力を認めるだけでなく、その中で憲法において法律とするのが望ましいものは、そのまま法律として憲法に由来する効力を認めることを示したものである。また、法律として憲法に由来する効力が認められた現行の法令条規で、もしも将来において改正を要するならば、憲法発布前に勅令や布達として公布したものであっても、法律として改正の手続きを行う必要があると理解すべきである。

解説 植木枝盛が保安条例廃止の根拠としたのは何か?

本条は、憲法発布以前に出された法令は、布告・規則といった呼称を問わず、憲法に矛盾しなければ効力を認めるという内容です。これを裏返せば、**憲法に矛盾する法令は効力を失う、ということを意味します。**

じつは、本書の冒頭で紹介した平成26年度(2014)の東大日本史では、植木枝盛ら民権派が憲法発布を祝った理由を問う問題と合わせて、保安条例などの弾圧法令廃止を求めた根拠を問う問題が出題されました。

植木枝盛の論理は明快です。第2章の各条文で見たように、大日本帝国憲法は臣民の自由・権利を法律によって実質的に保障するものでした。だとすれば、新聞紙条例や集会条例は言論・集会・結社の自由を認めた第22条に反し、東京からの退去を命じる保安条例は居住・移転の自由を認めた第29条に反します。枝盛は大日本帝国憲法を根拠にこれらの条例の廃止を主張したのです。

大日本帝国憲法の内容に即して自由の保障を求めることができる。それは、**大日本帝国憲法が〈立憲主義〉に貫かれていたことを端的に示しています。**

◎おわりに

大久保利通が描いた「君民共治」の未来

『憲法義解』を読み通したところで、「大日本帝国憲法は（日本国憲法の裏返しで）非民主的」とならぶ、もう一つのステレオタイプな見方に対する疑問が生じます。それは、「大日本帝国憲法はドイツ流の君主権の強い憲法だった」というものです。

そもそも、近代的な憲法を日本の歴史・慣習に根づかせようとした先人の真摯《しんし》な姿勢を見れば、それを〈ドイツ流〉という安直な言葉で片づけるのは失礼です。しかし、それにとどまらず、伊藤博文は本当に〈ドイツ流〉の国家体制を目指していたのでしょうか？

ここで、東大日本史の問題をもう一問紹介しましょう。大久保利通は、「諸国の政体を比較した上で、日本には君民共治の制（後にいう立憲君主制）がふさわしいと主張した」が、なぜそう考えたのか。「当時の日本がおかれていた条件や国家目標」を踏まえて説明せよ、という問題です（1994年度）。

明治6年（1873）、岩倉使節団の一員として国内体制（内治）の整備の重要性を痛感して帰国した大久保は、征韓論をめぐる政変で西郷隆盛らを下野させた後、内務省を設置し、自ら長官（内務卿）に就きました。そして、今後の国づくりの指針として政府に政体を定めるよう建言します（以下のカギカッコ内の文は、問題で与えられていた資料文からの引用）。

君主政治・民主政治・君民共治の三つの政体のうち、大久保が理想としたのは（意外にも）民主政治です。アメリカに見られるように、「天下を一人で私せず、広く国家全体の利益をはかり、人民の自由を実現し」た民主政治は、「実に天の理法が示す本来あるべき姿を完備したものである」と大久保は述べています。

しかし一方で、学制や徴兵制などに反対する一揆が頻発する状況において、それが時期尚早であることも、大久保は十分に理解していました。そこで、君主政治です。君主政治は、「無知蒙昧の民」があるとき、「ぬきんでた才力をもつ者」が支配する政体であって、「一時的には適切な場合がある」と言います。「無知蒙昧の民」という今なら一発でクビが飛びそうな表現も、大久保の偽らざる実感だったでしょう。

理想とすべきは民主政治である、しかし、現状では強力な君主権の下で政府が近代化を推進していくことが必要だ――この両者が重なり合う地点に、大久保は君民共治を見出しました。当面は「君長」の下で「人民の才力を十分に伸ばす良政を施して」いく。そして、将来は「人民がおのおの自身の権利を実現するために国の自由独立をはか」る。大久保が手本としたのは明らかにイギリスでした。

こうした主張をみたとき、〈専制政治家〉というイメージの強い大久保利通ですが、じつは、「一身独立して一国独立す」と説いて近代人としての教育に尽くした福沢諭吉と、思想的に近い位置にいたのではないかと筆者は考えています。

（詳しくは拙著『歴史が面白くなる東大のディープな日本史』をお読みください）

〈未完〉の大日本帝国憲法

話を戻しましょう。「大日本帝国憲法はドイツ流の君主権の強い憲法だった」というステレオタイプな見方についてでした。

ドイツ流憲法の方針は、伊藤博文と対立していた井上毅《こわし》によって定められたものです。伊藤はその線に従ってヨーロッパに憲法調査に赴《おもむ》きました。しかし、伊藤がグナイストやシュタインから学んだのは、憲法は自国の歴史や慣習に根ざしたものでなければならない、ということでした（「はじめに」参照）。

大日本帝国憲法がドイツ的な要素を取り込んでいることは、『憲法義解』でたびたび言及されていたとおりです。しかし、見かけは「ドイツ流」の体裁を取りながら、自立した国民（臣民）が国家の独立を支えるという将来の理想に向けて、当面は政府が主導権を握るという大久保の構想を、伊藤は引き継ぎ、大日本帝国憲法にプログラミングしたのではないでしょうか。

将来の理想が託されたのは、議会です。第3章では、議会の存立を保障するために、召集（第41条）や解散（第45条）について具体的に規定されていました。外部から干渉を受けずに自由で公正な議論が行えるよう、議院の規則制定権（第51条）や議員の免責特権（第52条）も認められていました。そして、伊藤が議会に期待したのは、議員構成の異なる衆議院と貴族院との間での緊張関係であり、その緊張関係から多様な意見が集約されることでした（第33条）。

「主権の用」として天皇の立法権に対して協賛する議会に実質的な制定権を認め（第5

条・第37条）、予算未成立時の前年度予算執行の規定（第71条）によって政府が議会の意向を聞かざるを得なくする。伊藤は憲法調査に際して、現地のドイツでビスマルク政府と議会の対立による政治の空転を目の当たりにしていました。それにもかかわらず、議会に大きな権限を与えたのは、議会政治を将来の理想としていたからにほかなりません（なお、伊藤は「憲法政治」という言葉を好んで用いました）。

一方で、行政命令（第９条）や政府の同意なしに削減できない予算費目（第67条）など、政府（内閣）のフリーハンドを確保するための規定も、大日本帝国憲法には多く盛り込まれました。当面、政治の手綱《たづな》を議会に譲るつもりはさらさらなかったのです。

議会で法律の条文を用意しても首尾一貫しないものになるだろうから、熟練した政府の委員に任せたほうが良いという伊藤の言（第40条参照）には、大久保の「無知蒙昧の民」に似たパターナリズム（父親的温情主義）の響きがあります。しかし、それは早く一人前になれよという檄《げき》であるとも受け取られるでしょう。実際、伊藤は後に立憲政友会を率いて、政党のあるべき姿を自ら示そうとしました。

問題は、伊藤のそうした思いに、後世の日本人（私たちも含めて）がどれだけ応えることができたか、ということです。その意味で、大日本帝国憲法は中身が盛り込まれないまま〈未完〉に終わった、と言えるかもしれません。

憲法を〈立憲主義〉的に運用することの難しさ

第4条に「此ノ憲法ノ条規ニ依リ之ヲ行フ」と明記されたとおり、大日本帝国憲法には〈立憲主義〉の原理が埋め込まれていました。ですから、「君主権の強い憲法」というステレオタイプな見方には誤解があります。伊藤博文が説明するとおり、「主権の体」と「主権の用」とを区別して捉えるべきです。

ですが、そのように〈立憲主義〉の原理が埋め込まれた大日本帝国憲法下で、なぜあの戦争への道を止められなかったのでしょうか？　それは、大日本帝国憲法そのものが「悪」であったからではなく、大日本帝国憲法が〈未完〉であった、すなわち、〈立憲主義〉的に運用できなかったということによります。

たしかに、大日本帝国憲法は〈立憲主義〉的に運用するのには使い勝手の悪いものでした。最も大きな不備は、「内閣」の規定がなかったことです（第4章）。天皇を能動的君主と位置づける井上毅との妥協の末、内閣総理大臣の役割も明確化できませんでした

（第55条）。そうしたことが軍部の政治介入を許します。軍令に関する規定の欠如も、「統帥権の独立」を盾とした軍部の暴走という結果を招きました（第11条）。

また、大日本帝国憲法下の国家機構の特徴として、統治権を総攬《そうらん》する天皇の下に、内閣・議会・裁判所・軍部などの諸機関が、横のつながりを欠いたまま並立していた、ということが指摘できます。機関どうしで対立が生じた場合、意見を調整する仕組みが具わっていなかったのです。伊藤博文が言うような、各要素が有機的な関係をもった一つの「身体」（第5条参照）とはなっていませんでした。

それを補っていたのが、元老と呼ばれる非公式の天皇の最高顧問の存在です。井上馨・山県有朋《やまがたありとも》らは、第一線を退いた後も、天皇に首相を推挙するなど各機関の調整役の役割を果たしていました。

しかし、憲法を〈立憲主義〉的に運用するのに、憲法外の存在を必要とするというのは、明らかな不備です。伊藤は議会対策に詔勅を利用しましたし（第56条参照）、あの戦争の終結も、天皇の「聖断」という超憲法的措置に頼らざるを得ませんでした。

私たちが戦前の歴史から学ぶべきは、憲法を〈立憲主義〉的に運用することの難しさです。議会は、自由や権利は法律によって実質的に保障されるという趣旨（第22条）を置き去りにしたまま、治安維持法（1925）・国家総動員法（1938）など、自ら手足を縛る法律を成立させました。天皇は法的に無責任であるがゆえに「神聖不可侵」という趣旨（第3条）が忘れ去られたとき、全体主義的な体制は構築されました。

そうした戦前の歴史に対する眼差《まなざ》しは、日本国憲法下の私たちをも射抜きます。日本国憲法は、大日本帝国憲法と比較しても使い勝手の良い憲法です。幸福追求権（第13条）を根拠にして、プライバシー権や自己決定権といった「新しい人権」にも対応できます。第9条で戦争の放棄と軍隊の不保持が明記されていても、自衛隊を設置したり集団的自衛権の行使を容認したりすることが（是非を別にして）できます。

しかし、使い勝手が良いことと、〈立憲主義〉的に運用することとは、同じではありません。憲法に〈立憲主義〉の原理が埋め込まれていても、使い勝手を優先していれば、〈立憲国家〉とは言えなくなります。

ですから、私たちがまず真剣に問い直すべきは、私たちは憲法を〈立憲主義〉的に運用することができているか、ということでしょう。それを抜きにして憲法改正論議を進めても、何の意味もありません。

伊藤博文が憲法に託した思いに、応えるべき時が来ています。

あとがき

世に知られるべきことを、世に知られるようにする――筆者が物書きをする理由はただ一つこの点です。そして、ブログやツイッターで個人が自由に意見を発表できる時代において、書籍の存在意義はそこにしかないとも考えています。お金を払う価値があるのは、言いたいことではなく、聞かれることを待っていることのほうでしょう。そして、我執から解放されたそうした言葉だけが、相手に伝わります。

『憲法義解』は、東大日本史とならんで世に知られるべきだと思っていたものです。憲法改正論議が高まるなか、なぜ誰も手をつけないのだろうと、不思議でなりませんでした。伊藤博文ほど、憲法について深く理解し、立憲主義をこの国に根づかせようと尽力した日本人はいません。何とかその思いを受け継ぎ、現代に蘇らせたいと思っていました。

しかし、筆者は一介の予備校講師にすぎません。あとは研究者にお任せします。また、読者のみなさまには、岩波文庫版で原文にあたっていただけたらと思います。

ところで、本書では伊藤の敵役のような描き方になってしまった井上毅《こわし》ですが、実際は、憲法のほか、皇室典範・教育勅語・軍人勅諭などの起草に携わった、縁の下で明治国家の礎《いしずえ》を築いた法律官僚です。そうした井上を、伊藤は第2次内閣の文部大臣に起用するなど、憲法発布後も側近として手放そうとはしませんでした。考えが異なっても能力を評価して受け入れる伊藤の度量、それもまた世に知られるべきでしょう（とりわけ現代の政治家に）。

最後に、筆者にお声をかけてくださったアーク出版編集部のみなさまに感謝申し上げます。書いてほしかったのはたぶん（間違いなく）こういう本ではなかったと思いますが、筆者としては、また一つ世に知られるべきものが世に知られるようにできて、満足です。

巻末資料

「憲法」関連年表

〈大日本帝国憲法の制定過程〉

1875年（明治8）漸次立憲政体樹立の詔
1876年（明治9）元老院、「日本国憲按」を起草（～80年）
1881年（明治14）国会開設の勅諭＝薩長藩閥政府が憲法制定の主導権を握る
1882年（明治15）伊藤博文、憲法調査のため渡欧
↓シュタイン・グナイストらにプロシア流憲法を学ぶ（～83年）
1884年（明治17）宮中に制度取調局を設置
1885年（明治18）内閣制度発足
1887年（明治19）伊藤の夏島（神奈川）別荘で憲法草案を準備
1888年（明治19）枢密院で憲法草案を審議
1889年（明治20）大日本帝国憲法発布、同時に皇室典範制定（非公開）
1890年（明治21）第1回帝国議会開会

〈社会の動き〉

1876年（明治9）廃刀令
1877年（明治10）西南戦争
1878年（明治11）紀尾井坂の変（大久保利通暗殺）
1881年（明治14）自由党結成（総理＝板垣退助）
1882年（明治15）立憲改進党結成（総理＝大久保利通）
銀座にアーク灯設置
1884年（明治17）秩父事件
1885年（明治18）ノルマントン号事件
1887年（明治20）首相官邸で仮装舞踏会
1889年（明治22）東海道線（新橋・神戸間）全通
1890年（明治23）教育勅語発布

〈日本国憲法の制定過程〉

1945年（昭和20）

10月　GHQマッカーサー、幣原喜重郎首相に憲法の自由主義化を指示
政府、憲法問題調査委員会を設置（委員長：松本烝治）

1946年（昭和21）

2月　毎日新聞、委員会の「試案」をスクープ
マッカーサー、政治的実権なき天皇・戦争放棄・封建制度の撤廃（マッカーサー3原則）を柱とする憲法草案の作成をGHQ民政局長ホイットニーに指示
政府、「憲法改正要綱」を提出するも、GHQは拒否

〈社会の動き〉

1945年（昭和20）

8月　ポツダム宣言受諾・天皇の玉音放送・マッカーサー来日
9月　降伏文書調印
10月　五大改革の指令
映画『そよかぜ』の挿入歌として並木路子『リンゴの唄』発表
12月　修身・日本歴史・地理の授業停止

1946年（昭和21）

1月　新日本建設に関する詔書（天皇の「人間宣言」）

GHQ、象徴天皇制を盛り込んだ「マッカーサー草案」を政府に提示
3月　政府、「憲法改正草案要綱」を発表
4月　政府、口語化・条文化した「憲法改正草案」を枢密院に諮詢、可決
6月　政府、大日本帝国憲法で定められた手続きに基づき憲法改正案を衆議院に提出
10月　衆議院・貴族院での審議・修正をへて可決
11月　日本国憲法公布

1947年（**昭和22**）
5月　日本国憲法施行

4月　戦後初の総選挙
5月　極東国際軍事裁判（東京裁判）開廷
　　　食糧メーデー
9月　第1回国民体育大会の開催（京都）

1947年（**昭和22**）
1月　GHQ、二・一ゼネストの中止命令
3月　農地改革（第2次）の開始

日本国憲法

前文

日本国民は、正当に選挙された国会における代表者を通じて行動し、われらとわれらの子孫のために、諸国民との協和による成果と、わが国全土にわたつて自由のもたらす恵沢を確保し、政府の行為によつて再び戦争の惨禍が起ることのないやうにすることを決意し、ここに主権が国民に存することを宣言し、この憲法を確定する。そもそも国政は、国民の厳粛な信託によるものであつて、その権威は国民に由来し、その権力は国民の代表者がこれを行使し、その福利は国民がこれを享受する。これは人類普遍の原理であり、この憲法は、かかる原理に基くものである。われらは、これに反する一切の憲法、法令及び詔勅を排除する。

日本国民は、恒久の平和を念願し、人間相互の関係を支配する崇高な理想を深く自覚するのであつて、平和を愛する諸国民の公正と信義に信頼して、われらの安全と生存を保持しようと決意した。われらは、平和を維持し、専制と隷従、圧迫と偏狭を地上から永遠に除去しようと努めてゐる国際社会において、名誉ある地位を占めたいと思ふ。われらは、全世界の国民が、ひとしく恐怖と欠乏から免かれ、平和のうちに生存する権利を有することを確認する。

われらは、いづれの国家も、自国のことのみに専念して他国を無視してはならないのであつて、政治道徳の法則は、普遍的なものであり、この法則に従ふことは、自国の主権を維持し、他国と対等関係に立たうとする各国の責務であると信ずる。

日本国民は、国家の名誉にかけ、全力をあげてこの崇高な理想と目的を達成することを誓ふ。

第1章　天皇

第1条　天皇は、日本国の象徴であり日本国民統合の象徴であつて、この地位は、主権の存する日本国民の総意に基く。

▶大日本帝国憲法　第1条を変更

第2条　皇位は、世襲のものであつて、国会の議決した皇室典範の定めるところにより、これを継承する。

▶大日本帝国憲法　第2条を変更

第3条　天皇の国事に関するすべての行為には、内閣の助言と承認を必要とし、内閣が、その責任を負ふ。

第4条　①天皇は、この憲法の定める国事に関する行為のみを行ひ、国政に関する権能を有しない。

▶大日本帝国憲法　第4条を変更

②天皇は、法律の定めるところにより、その国事に関する行為を委任することができる。

第5条　皇室典範の定めるところにより摂政を置くときは、摂政は、天皇の名でその国事に関する行為を行ふ。この場合には、前条第一項の規定を準用する。

▶大日本帝国憲法　第17条を修正

第6条 ①天皇は、国会の指名に基いて、内閣総理大臣を任命する。
②天皇は、内閣の指名に基いて、最高裁判所の長たる裁判官を任命する。

第7条 天皇は、内閣の助言と承認により、国民のために、左の国事に関する行為を行ふ。
一 憲法改正、法律、政令及び条約を公布すること。
▶大日本帝国憲法 第6条を変更・第13条を変更
二 国会を召集すること。
三 衆議院を解散すること。
▶大日本帝国憲法 第7条を変更
四 国会議員の総選挙の施行を公示すること。
▶大日本帝国憲法 第7条を変更
五 国務大臣及び法律の定めるその他の官吏の任免並びに全権委任状及び大使及び公使の信任状を認証すること。
六 大赦、特赦、減刑、刑の執行の免除及び復権を認証すること。
▶大日本帝国憲法 第16条を修正
七 栄典を授与すること。
▶大日本帝国憲法 第15条を修正
八 批准書及び法律の定めるその他の外交文書を認証すること。
九 外国の大使及び公使を接受すること。

十　儀式を行ふこと。

第8条　皇室に財産を譲り渡し、又は皇室が、財産を譲り受け、若しくは賜与することは、国会の議決に基かなければならない。

第2章　戦争の放棄

第9条　①日本国民は、正義と秩序を基調とする国際平和を誠実に希求し、国権の発動たる戦争と、武力による威嚇又は武力の行使は、国際紛争を解決する手段としては、永久にこれを放棄する。

②前項の目的を達するため、陸海空軍その他の戦力は、これを保持しない。国の交戦権は、これを認めない。

▶大日本帝国憲法　第11条を変更

第3章　国民の権利及び義務

第10条　日本国民たる要件は、法律でこれを定める。

▶大日本帝国憲法　第18条を継承

第11条　国民は、すべての基本的人権の享有を妨げられない。この憲法が国民に保障する基本的人権は、侵すことのできない永久の権利として、現在及び将来の国民に与へられる。

第12条　この憲法が国民に保障する自由及び権利は、国民の不断の努力によつて、これを保持しなければならない。又、国民は、これを濫用してはならないのであつて、常に公共の福祉のためにこれを利用する責任を負ふ。

第13条　すべて国民は、個人として尊重される。生命、自由及び幸福追求に対する国民の権利については、公共の福祉に反しない限り、立法その他の国政の上で、最大の尊重を必要とする。

第14条　①すべて国民は、法の下に平等であつて、人種、信条、性別、社会的身分又は門地により、政治的、経済的又は社会的関係において、差別されない。

▶大日本帝国憲法　第19条を修正

②華族その他の貴族の制度は、これを認めない。

▶大日本帝国憲法　第34条を変更

③栄誉、勲章その他の栄典の授与は、いかなる特権も伴はない。栄典の授与は、現にこれを有し、又は将来これを受ける者の一代に限り、その効力を有する。

▶大日本帝国憲法　第15条を修正

第15条　①公務員を選定し、及びこれを罷免することは、国民固有の権利である。

②すべて公務員は、全体の奉仕者であつて、一部の奉仕者ではない。
③公務員の選挙については、成年者による普通選挙を保障する。
④すべて選挙における投票の秘密は、これを侵してはならない。選挙人は、その選択に関し公的にも私的にも責任を問はれない。

第16条　何人も、損害の救済、公務員の罷免、法律、命令又は規則の制定、廃止又は改正その他の事項に関し、平穏に請願する権利を有し、何人も、かかる請願をしたためにいかなる差別待遇も受けない。
▶大日本帝国憲法　第30条を継承

第17条　何人も、公務員の不法行為により、損害を受けたときは、法律の定めるところにより、国又は公共団体に、その賠償を求めることができる。

第18条　何人も、いかなる奴隷的拘束も受けない。又、犯罪に因る処罰の場合を除いては、その意に反する苦役に服させられない。

第19条　思想及び良心の自由は、これを侵してはならない。

第20条　①信教の自由は、何人に対してもこれを保障する。いかなる宗教団体も、国から特権を受け、又は政治上の権力を行使してはならない。

▶大日本帝国憲法　第28条を修正

②何人も、宗教上の行為、祝典、儀式又は行事に参加することを強制されない。

③国及びその機関は、宗教教育その他いかなる宗教的活動もしてはならない。

第21条　①集会、結社及び言論、出版その他一切の表現の自由は、これを保障する。

▶大日本帝国憲法　第29条を継承

②検閲は、これをしてはならない。通信の秘密は、これを侵してはならない。

▶大日本帝国憲法　第26条を継承

第22条　①何人も、公共の福祉に反しない限り、居住、移転及び職業選択の自由を有する。

▶大日本帝国憲法　第22条を継承

②何人も、外国に移住し、又は国籍を離脱する自由を侵されない。

第23条　学問の自由は、これを保障する。

第24条　①婚姻は、両性の合意のみに基いて成立し、夫婦が同等の権利を有することを基本として、相互の協力により、維持されなければならない。

②配偶者の選択、財産権、相続、住居の選定、離婚並びに婚姻及び家族に関するその他の事項に関しては、法律は、個人の尊厳と両性の本質的平等に立脚して、制定されなければならない。

第25条　①すべて国民は、健康で文化的な最低限度の生活を営む権利を有する。
②国は、すべての生活部面について、社会福祉、社会保障及び公衆衛生の向上及び増進に努めなければならない。

第26条　①すべて国民は、法律の定めるところにより、その能力に応じて、ひとしく教育を受ける権利を有する。
②すべて国民は、法律の定めるところにより、その保護する子女に普通教育を受けさせる義務を負ふ。義務教育は、これを無償とする。

第27条　①すべて国民は、勤労の権利を有し、義務を負ふ。
②賃金、就業時間、休息その他の勤労条件に関する基準は、法律でこれを定める。
③児童は、これを酷使してはならない。

第28条　勤労者の団結する権利及び団体交渉その他の団体行動をする権利は、これを保障する。

第29条　①財産権は、これを侵してはならない。
②財産権の内容は、公共の福祉に適合するやうに、法律でこれを定める。
③私有財産は、正当な補償の下に、これを公共のために用ひることができる。
▶大日本帝国憲法　第27条を修正

第30条　国民は、法律の定めるところにより、納税の義務を負ふ。
▶大日本帝国憲法　第21条を継承

第31条　何人も、法律の定める手続によらなければ、その生命若しくは自由を奪はれ、又はその他の刑罰を科せられない。
▶大日本帝国憲法　第23条を継承

第32条　何人も、裁判所において裁判を受ける権利を奪はれない。
▶大日本帝国憲法　第24条を継承

第33条　何人も、現行犯として逮捕される場合を除いては、権限を有する司法官憲が発し、且つ理由となつてゐる犯罪を明示する令状によらなければ、逮捕されない。
▶大日本帝国憲法　第23条を修正

第34条　何人も、理由を直ちに告げられ、且つ、直ちに弁護人に依頼する権利を与へられなければ、抑留又は拘禁されない。又、何人も、正当な理由がなければ拘禁されず、要求があれば、その理由は、直ちに本人及びその弁護人の出席する公開の法廷で示されなければならない。
▶大日本帝国憲法　第23条を修正

第35条　①何人も、その住居、書類及び所持品について、侵入、捜索及び押収を受けることのない権利は、第三十三条の場合を除いては、正当な理由に基いて発せられ、且つ捜索する場所及び押収する物を明示する令状がなければ、侵されない。

②捜索又は押収は、権限を有する司法官憲が発する各別の令状により、これを行ふ。

▶大日本帝国憲法　第25条を修正

第36条　公務員による拷問及び残虐な刑罰は、絶対にこれを禁ずる。

第37条　①すべて刑事事件においては、被告人は、公平な裁判所の迅速な公開裁判を受ける権利を有する。

②刑事被告人は、すべての証人に対して審問する機会を充分に与へられ、又、公費で自己のために強制的手続により証人を求める権利を有する。

③刑事被告人は、いかなる場合にも、資格を有する弁護人を依頼することができる。被告人が自らこれを依頼することができないときは、国でこれを附する。

第38条　①何人も、自己に不利益な供述を強要されない。

②強制、拷問若しくは脅迫による自白又は不当に長く抑留若しくは拘禁された後の自白は、これを証拠とすることができない。

③何人も、自己に不利益な唯一の証拠が本人の自白である場合には、有罪とされ、又は刑罰を科せられない。

第39条　何人も、実行の時に適法であつた行為又は既に無罪とされた行為については、刑事上の責任を問はれない。又、同一の犯罪について、重ねて刑事上の責任を問はれない。

第40条　何人も、抑留又は拘禁された後、無罪の裁判を受けたときは、法律の定めるところにより、国にその補償を求めることができる。

第四章　国会

第41条　国会は、国権の最高機関であつて、国の唯一の立法機関である。

▶大日本帝国憲法　第5条を変更・第37条を変更

第42条　国会は、衆議院及び参議院の両議院でこれを構成する。

▶大日本帝国憲法　第33条を変更

第43条　①両議院は、全国民を代表する選挙された議員でこれを組織する。

▶大日本帝国憲法　第35条を修正

②両議院の議員の定数は、法律でこれを定める。

第44条　両議院の議員及びその選挙人の資格は、法律でこれを定める。但し、人種、信条、性別、社会的身分、門地、教育、財産又は収入によつて差別してはならない。

第45条　衆議院議員の任期は、四年とする。但し、衆議院解散の場合には、その期間満了前に終了する。

第46条　参議院議員の任期は、六年とし、三年ごとに議員の半数を改選する。

第47条　選挙区、投票の方法その他両議院の議員の選挙に関する事項は、法律でこれを定める。

第48条　何人も、同時に両議院の議員たることはできない。

▶大日本帝国憲法　第36条を継承

第49条　両議院の議員は、法律の定めるところにより、国庫から相当額の歳費を受ける。

第50条　両議院の議員は、法律の定める場合を除いては、国会の会期中逮捕されず、会期前に逮捕された議員は、その議院の要求があれば、会期中これを釈放しなければならない。

▶大日本帝国憲法　第53条を修正

第51条　両議院の議員は、議院で行つた演説、討論又は表決について、院外で責任を問はれない。

▶大日本帝国憲法　第52条を継承

第52条　国会の常会は、毎年一回これを召集する。

▶大日本帝国憲法　第41条を継承

第53条　内閣は、国会の臨時会の召集を決定することができる。いづれかの議院の総議員の四分の一以上の要求があれば、内閣は、その召集を決定しなければならない。

▶大日本帝国憲法　第43条を修正

第54条　①衆議院が解散されたときは、解散の日から四十日以内に、衆議院議員の総選挙を行ひ、その選挙の日から三十日以内に、国会を召集しなければならない。

▶大日本帝国憲法　第45条を変更

②衆議院が解散されたときは、参議院は、同時に閉会となる。但し、内閣は、国に緊急の必要があるときは、参議院の緊急集会を求めることができる。

▶大日本帝国憲法　第8条を変更・第44条を修正

③前項但書の緊急集会において採られた措置は、臨時のものであつて、次の国会開会の後十日以内に、衆議院の同意がない場合には、その効力を失ふ。

▶大日本帝国憲法　第8条を変更

第55条　両議院は各々その議員の資格に関する争訟を裁判する。但し、議員の議席を失はせるには、出席議員の三分の二以上の多数による議決を必要とする。

第56条
①両議院は、各々その総議員の三分の一以上の出席がなければ、議事を開き議決することができない。
▶大日本帝国憲法　第46条を継承
②両議院の議事は、この憲法に特別の定のある場合を除いては、出席議員の過半数でこれを決し、可否同数のときは、議長の決するところによる。
▶大日本帝国憲法　第47条を継承

第57条
①両議院の会議は、公開とする。但し、出席議員の三分の二以上の多数で議決したときは、秘密会を開くことができる。
②両議院は、各々その会議の記録を保存し、秘密会の記録の中で特に秘密を要すると認められるもの以外は、これを公表し、且つ一般に頒布しなければならない。
③出席議員の五分の一以上の要求があれば、各議員の表決は、これを会議録に記載しなければならない。
▶大日本帝国憲法　第48条を修正

第58条
①両議院は、各々その議長その他の役員を選任する。
②両議院は、各々その会議その他の手続及び内部の規律に関する規則を定め、又、院内の秩序をみだした議員を懲罰することができる。但し、議員を除名するには、出席議員の三分の二以上の多数による議決を必要とする。
▶大日本帝国憲法　第51条を修正

第59条　①法律案は、この憲法に特別の定のある場合を除いては、両議院で可決したとき法律となる。
②衆議院で可決し、参議院でこれと異なつた議決をした法律案は、衆議院で出席議員の三分の二以上の多数で再び可決したときは、法律となる。
③前項の規定は、法律の定めるところにより、衆議院が、両議院の協議会を開くことを求めることを妨げない。
④参議院が、衆議院の可決した法律案を受け取つた後、国会休会中の期間を除いて六十日以内に、議決しないときは、衆議院は、参議院がその法律案を否決したものとみなすことができる。

第60条　①予算は、さきに衆議院に提出しなければならない。
②予算について、参議院で衆議院と異なつた議決をした場合に、法律の定めるところにより、両議院の協議会を開いても意見が一致しないとき、又は参議院が、衆議院の可決した予算を受け取つた後、国会休会中の期間を除いて三十日以内に、議決しないときは、衆議院の議決を国会の議決とする。

▶大日本帝国憲法　第65条を継承

第61条　条約の締結に必要な国会の承認については、前条第二項の規定を準用する。

第62条　両議院は、各々国政に関する調査を行ひ、これに関して、証人の出頭及び証言並びに記録の提出を要求することができる。

第63条　内閣総理大臣その他の国務大臣は、両議院の一に議席を有すると有しないとにかかはらず、何時でも議案について発言するため議院に出席することができる。又、答弁又は説明のため出席を求められたときは、出席しなければならない。

▶大日本帝国憲法　第54条を継承

第64条　①国会は、罷免の訴追を受けた裁判官を裁判するため、両議院の議員で組織する弾劾裁判所を設ける。

②弾劾に関する事項は、法律でこれを定める。

第五章　内閣

第65条　行政権は、内閣に属する。

第66条　①内閣は、法律の定めるところにより、その首長たる内閣総理大臣及びその他の国務大臣でこれを組織する。

②内閣総理大臣その他の国務大臣は、文民でなければならない。

▶大日本帝国憲法　第11条を変更

③内閣は、行政権の行使について、国会に対し連帯して責任を負ふ。

▶大日本帝国憲法　第55条を変更

第67条　①内閣総理大臣は、国会議員の中から国会の議決で、これを指名する。この指名は、他のすべての案件に先だつて、これを行ふ。

②衆議院と参議院とが異なつた指名の議決をした場合に、法律の定めるところにより、両議院の協議会を開いても意見が一致しないとき、又は衆議院が指名の議決をした後、国会休会中の期間を除いて十日以内に、参議院が、指名の議決をしないときは、衆議院の議決を国会の議決とする。

第68条　①内閣総理大臣は、国務大臣を任命する。但し、その過半数は、国会議員の中から選ばれなければならない。

②内閣総理大臣は、任意に国務大臣を罷免することができる。

第69条　内閣は、衆議院で不信任の決議案を可決し、又は信任の決議案を否決したときは、十日以内に衆議院が解散されない限り、総辞職をしなければならない。

第70条　内閣総理大臣が欠けたとき、又は衆議院議員総選挙の後に初めて国会の召集があつたときは、内閣は、総辞職をしなければならない。

第71条　前二条の場合には、内閣は、あらたに内閣総理大臣が任命されるまで引き続きその職務を行ふ。

第72条　内閣総理大臣は、内閣を代表して議案を国会に提出し、一般国務及び外交関係について国会に報告し、並びに行政各部を指揮監督する。

第73条　内閣は、他の一般行政事務の外、左の事務を行ふ。

一　法律を誠実に執行し、国務を総理すること。

二　外交関係を処理すること。

三　条約を締結すること。但し、事前に、時宜によつては事後に、国会の承認を経ることを必要とする。

▶大日本帝国憲法　第13条を変更

四　法律の定める基準に従ひ、官吏に関する事務を掌理すること。

▶大日本帝国憲法　第10条を変更

五　予算を作成して国会に提出すること。

六　この憲法及び法律の規定を実施するために、政令を制定すること。但し、政令には、特にその法律の委任がある場合を除いては、罰則を設けることができない。

七　大赦、特赦、減刑、刑の執行の免除及び復権を決定すること。

▶大日本帝国憲法　第9条を変更

第74条　法律及び政令には、すべて主任の国務大臣が署名し、内閣総理大臣が連署することを必要とする。

第75条　国務大臣は、その在任中、内閣総理大臣の同意がなければ、訴追されない。但し、これがため、訴追の権利は、害されない。

第六章 司法

第76条 ①すべて司法権は、最高裁判所及び法律の定めるところにより設置する下級裁判所に属する。
②特別裁判所は、これを設置することができない。行政機関は、終審として裁判を行ふことができない。
③すべて裁判官は、その良心に従ひ独立してその職権を行ひ、この憲法及び法律にのみ拘束される。
▶大日本帝国憲法 第60条を変更
▶大日本帝国憲法 第57条を変更

第77条 ①最高裁判所は、訴訟に関する手続、弁護士、裁判所の内部規律及び司法事務処理に関する事項について、規則を定める権限を有する。
②検察官は、最高裁判所の定める規則に従はなければならない。
③最高裁判所は、下級裁判所に関する規則を定める権限を、下級裁判所に委任することができる。

第78条 裁判官は、裁判により、心身の故障のために職務を執ることができないと決定された場合を除いては、公の弾劾によらなければ罷免されない。裁判官の懲戒処分は、行政機関がこれを行ふことはできない。

第79条　①最高裁判所は、その長たる裁判官及び法律の定める員数のその他の裁判官でこれを構成し、その長たる裁判官以外の裁判官は、内閣でこれを任命する。
②最高裁判所の裁判官の任命は、その任命後初めて行はれる衆議院議員総選挙の際国民の審査に付し、その後十年を経過した後初めて行はれる衆議院議員総選挙の際更に審査に付し、その後も同様とする。
③前項の場合において、投票者の多数が裁判官の罷免を可とするときは、その裁判官は、罷免される。
④審査に関する事項は、法律でこれを定める。
⑤最高裁判所の裁判官は、法律の定める年齢に達した時に退官する。
最高裁判所の裁判官は、すべて定期に相当額の報酬を受ける。この報酬は、在任中、これを減額することができない。

第80条　①下級裁判所の裁判官は、最高裁判所の指名した者の名簿によつて、内閣でこれを任命する。その裁判官は、任期を十年とし、再任されることができる。但し、法律の定める年齢に達した時には退官する。
②下級裁判所の裁判官は、すべて定期に相当額の報酬を受ける。この報酬は、在任中、これを減額することができない。

第81条　最高裁判所は、一切の法律、命令、規則又は処分が憲法に適合するかしないかを決定する権限を有する終審裁判所である。

第82条　①裁判の対審及び判決は、公開法廷でこれを行ふ。
②裁判所が、裁判官の全員一致で、公の秩序又は善良の風俗を害する虞があると決した場合には、対審は、公開しないでこれを行ふことができる。但し、政治犯罪、出版に関する犯罪又はこの憲法第三章で保障する国民の権利が問題となつてゐる事件の対審は、常にこれを公開しなければならない。
▶大日本帝国憲法　第59条を修正

第七章　財政

第83条　国の財政を処理する権限は、国会の議決に基いて、これを行使しなければならない。

第84条　あらたに租税を課し、又は現行の租税を変更するには、法律又は法律の定める条件によることを必要とする。
▶大日本帝国憲法　第62条を継承

第85条　国費を支出し、又は国が債務を負担するには、国会の議決に基くことを必要とする。

第86条　内閣は、毎会計年度の予算を作成し、国会に提出して、その審議を受け議決を経なければならない。

▶大日本帝国憲法　第64条を継承

第87条　①予見し難い予算の不足に充てるため、国会の議決に基いて予備費を設け、内閣の責任でこれを支出することができる。

②すべて予備費の支出については、内閣は、事後に国会の承諾を得なければならない。

▶大日本帝国憲法　第69条を修正

第88条　すべて皇室財産は、国に属する。すべて皇室の費用は、予算に計上して国会の議決を経なければならない。

▶大日本帝国憲法　第66条を修正

第89条　公金その他の公の財産は、宗教上の組織若しくは団体の使用、便益若しくは維持のため、又は公の支配に属しない慈善、教育若しくは博愛の事業に対し、これを支出し、又はその利用に供してはならない。

第90条　①国の収入支出の決算は、すべて毎年会計検査院がこれを検査し、内閣は、次の年度に、その検査報告とともに、これを国会に提出しなければならない。

②会計検査院の組織及び権限は、法律でこれを定める。

第91条 内閣は、国会及び国民に対し、定期に、少くとも毎年一回、国の財政状況について報告しなければならない。

▶大日本帝国憲法 第72条を継承

第8章 地方自治

第92条 地方公共団体の組織及び運営に関する事項は、地方自治の本旨に基いて、法律でこれを定める。

第93条 ① 地方公共団体には、法律の定めるところにより、その議事機関として議会を設置する。

② 地方公共団体の長、その議会の議員及び法律の定めるその他の吏員は、その地方公共団体の住民が、直接これを選挙する。

第94条 地方公共団体は、その財産を管理し、事務を処理し、及び行政を執行する権能を有し、法律の範囲内で条例を制定することができる。

第95条 一の地方公共団体のみに適用される特別法は、法律の定めるところにより、その地方公共団体の住民の投票においてその過半数の同意を得なければ、国会は、これを制定することができない。

第9章　改正

第96条　①この憲法の改正は、各議院の総議員の三分の二以上の賛成で、国会が、これを発議し、国民に提案してその承認を経なければならない。この承認には、特別の国民投票又は国会の定める選挙の際行はれる投票において、その過半数の賛成を必要とする。

②憲法改正について前項の承認を経たときは、天皇は、国民の名で、この憲法と一体を成すものとして、直ちにこれを公布する。

▶大日本帝国憲法　第73条を修正

第10章　最高法規

第97条　この憲法が日本国民に保障する基本的人権は、人類の多年にわたる自由獲得の努力の成果であつて、これらの権利は、過去幾多の試練に堪へ、現在及び将来の国民に対し、侵すことのできない永久の権利として信託されたものである。

第98条　①この憲法は、国の最高法規であつて、その条規に反する法律、命令、詔勅及び国務に関するその他の行為の全部又は一部は、その効力を有しない。

②日本国が締結した条約及び確立された国際法規は、これを誠実に遵守することを必要とする。

第99条　天皇又は摂政及び国務大臣、国会議員、裁判官その他の公務員は、この憲法を尊重し擁護する義務を負ふ。

第11章　補則

第100条　①この憲法は、公布の日から起算して六箇月を経過した日から、これを施行する。
②この憲法を施行するために必要な法律の制定、参議院議員の選挙及び国会召集の手続並びにこの憲法を施行するために必要な準備手続は、前項の期日よりも前に、これを行ふことができる。

第101条　この憲法施行の際、参議院がまだ成立してゐないときは、その成立するまでの間、衆議院は、国会としての権限を行ふ。

第102条　この憲法による第一期の参議院議員のうち、その半数の者の任期は、これを三年とする。その議員は、法律の定めるところにより、これを定める。

第103条　この憲法施行の際現に在職する国務大臣、衆議院議員及び裁判官並びにその他の公務員で、その地位に相応する地位がこの憲法で認められてゐる者は、法律で特別の定をした場合を除いては、この憲法施行のため、当然にはその地位を失ふことはない。但し、この憲法によつて、後任者が選挙又は任命されたときは、当然その地位を失ふ。

■相澤 理（あいざわ　おさむ）
予備校講師、文筆家。

東進ハイスクール講師時代に執筆した『歴史が面白くなる東大のディープな日本史』（KADOKAWA 中経出版）で一躍脚光を浴び、ベストセラー作家の仲間入りをする。『ディープな日本史』シリーズは累計 35 万部の異例のヒット。受験生のみならず多くの歴史ファンに、日本史研究の最前線を紐解いてみせた。

1973 年生まれ。開成中・高校を経て、東京大学文学部中国思想文化学科卒業。現在は RGB サリヴァン講師として首都圏各校で受験指導にあたるかたわら、歴史・哲学・宗教の分野で、精力的な執筆活動を行う。著書には上記のほか、『小論文時事テーマとキーワード　社会科学編』（旺文社）、『センター倫理でびっくりするくらいよくわかる　はじめての哲学・宗教』（大和書房）など。近現代の政治・社会問題に造詣が深い。

「憲法とは何か」を伊藤博文に学ぶ

『憲法義解』現代語訳 & 解説

2015 年 5 月 10 日　初版第 1 刷発行

■著　者　相澤　理
■発行者　川口　渉
■発行所　株式会社アーク出版
〒162-0843　東京都新宿区市谷田町 2-23　第 2 三幸ビル
TEL.03-5261-4081　FAX.03-5206-1273
ホームページ http://www.ark-gr.co.jp/shuppan/
■印刷・製本所　三美印刷株式会社

ISBN978-4-86059-152-6